영원한 보석

마가레타 폰 보르직 역저
김명희 옮김

Margareta von Borsig
Juwel des Lebens

© EOS-Verlag St. Ottiliem, 2008

Translated by Myong-Hee Kim
© Woori Publishing House, Korea 2010

영원한 보석

초판 2쇄 발행 · 2012년 5월 25일
옮긴이 · 김명희 | 발행인 · 김동금 | 발행처 · 우리출판사
등록 · 제9-139호 | 주소 · 서울시 서대문구 충정로 3가 1-38
전화 · (02)313-5047 | 팩스 (02)393-9696
E-mail · wooribooks@wooribooks.com
www.wooribooks.co.kr

ISBN 978-89-7561-299-2   03220
정가 9,500원

영원한 보석

추천의 글

말은 사람과 사람의 관계가 시작되는 첫걸음입니다.

상대를 배려하는 한 마디 말이 사람을 살리는 반면, 독이 스민 거친 말한 마디는 전쟁을 불러오기도 합니다. 말이 갖는 의미와 상징성, 영향력은 그만큼 크고 무겁습니다. 그러고 보면 한 시대의 보편적인 문화 현상을 표상하는 대표적인 수단 가운데 하나로 언어를 꼽는 것도 무리가 아닐 것입니다.

근래 들어 부쩍 그 쓰임새가 늘어난 '소통'(疏通)이란 단어도 바로 그러한 문화 현상의 하나일 것입니다. 어느 때부터인가 이 시대의 화두로 등장한 '소통'이란 단어는 '소통의 부재' 속에 살아가고 있는 우리의 현주소를 너무도 잘 보여줍니다.

소통은 모든 관계의 시작됨이며, 그 시작됨은 말로부터 비롯됩니다. 하다못해 부처님과 인간의 관계도 그러하며, 이웃 종교에서 말하는 신과 인간의 관계도 '말씀'으로 인해 소통됨으로써 믿음을 형성하는 단초가 됩니다.

그러나 저 '말씀'으로 인해 오히려 '소통의 부재'를 불러오는 경우도 많으니 특히 종교 간의 단절은 심각한 지경이 아닐 수 없습니다. 모든 종교가 인간의 선한 삶, 행복한 삶을 이상으로 하고 있음을 돌이켜 볼 때 이러한 종교인들의 아집과 독선은 실로 비난받아 마땅할 것입니다.

　　이러한 때 불교도들에게 가장 많이 독송되며 귀의처가 되고 있는 법화경을 그리스도의 사상으로 풀어놓은 『영원한 보석』은 그 출간만으로도 의의가 크다 할 것입니다. 더구나 법화경의 대표적인 비유들에서 성경의 말씀을 이끌어내며 두 종교의 접합점을 찾아내는 저자의 열린 자세는 종교인이 취해야 할 '소통의 길'을 잘 보여주고 있습니다.

　　이웃 종교와의 소통은 교리와 사상에 대한 진실한 이해가 전제될 때만이 가능할 것입니다. 『영원한 보석』의 출간을 계기로 보다 본격적인 종교 간의 대화가 지속되기를 기대하며 신심명의 머리말로 축하를 가름할까 합니다.

지극한 도는 어렵지 않나니
오직 취하고 버림을 멀리하라.
다만 미워하고 사랑하지 않으면
막힘없이 명백하리라.

至道無難　唯嫌揀擇　但莫憎愛　洞然明白

2010년 9월
선묵 혜자

한국어판을 내면서

법화경에서 뽑은 비유를 담은 나의 책을 한국의 우리출판사에서 출판하게 되어 매우 기쁩니다. 출판사에 감사를 드리고 역자의 기꺼운 참여와 훌륭한 번역 작업에 깊은 감사를 보냅니다.

나는 이미 25년 전부터 비유를 통해 법화경을 독일에 알리는 데 힘써 왔습니다. 자비로운 아버지와 잃어버린 아들에 관한 비유(법화경 제4장)는 그리스도교인과 불교인을 연결시켜주는 바, 성경의 루카복음서 15장 11~32절에 나오는 비유와 좋은 비교가 됩니다. 법화경은 불교와 그리스도교가 대화하는 데 있어서 아주 귀중한 경전입니다. 특히 한국에서의 법화경은 두 종교를 잇는 매우 중요한 역할을 하는 다리가 되리라 생각합니다.

고통 중에 있는 사람들의 외침과 부름을 듣고 그들을 구하려 애쓰는 '붓다의 영원한 삶'을 보여 주는 법화경에 나오는 열네 개의 장(章)은 크리스천인 나에게 깊은 감동을 주었습니다. 예수 또한 십자가의 자비로운 고난과 죽음을 통해 인간을 죄와 죽음에서 구하고 부활함으로써, 영원한 생명으로 인도하려고 애씁니다.

끝으로 나는 법화(연꽃)의 상징에 주목하고자 합니다. 법화는 아시아의 사찰 정원에 피는 꽃이지만 언젠가부터 유럽에도 볼 수 있는데, 가령 이탈리아 메란(Meran)에 위치한 트라우트만스도르프 성(Schloss Trauttmansdorff)의 식물원에 법화가 있습니다. 연꽃은 늪지에서 자라지만 높은 줄기 위에 하얀색이나 분홍색의 꽃을 피웁니다. 진흙에 더럽혀지지 않고 깨끗한 자태를 유지하며 태양의 영원한 빛을 지향합니다. 연꽃은 세상의 늪, 즉 윤회의 세계에 살고 있는 불자나 크리스천에 대한 상징입니다. 그리고 그들의 마음과 얼굴은 언제나 영원한 존재인 붓다와 예수를 향해 있습니다.

이 책을 읽을 한국의 모든 독자들에게 마음 깊이 감사드립니다.

2010년 8월 18일, Südtirol에서
마가레타 폰 보르직 (Margareta von Borsig)

종교 간 대화의 보석이 되길 기대하며

오랫동안 그리스도교와 함께 서구의 문명을 일구어온 유럽대륙에 어느 때부터인가 낯선 아시아의 종교가 소개되기 시작했다. 17세기 들어 전래되기 시작한 불교도 그 중에 하나다. 오늘날 유럽은 더 이상 그리스도교만의 대륙이 아니다. 불교 전통을 간직한 한국에 그리스도교가 대중의 종교로 등장하게 된 것과 유사하게 20세기가 지나면서 그리스도교 전통의 나라 독일에도 아시아의 불교가 시민종교로 부상하고 있는 것이다.

불교가 독일에 처음으로 전래된 17세기 이후 19세기까지는 세일론, 버어마, 타일랜드의 남방불교(테라바다)가 주류를 이루었다. 초기 독일불교는 학문불교의 성격을 띠며 팔리경전과 테라바다 불교의 저술들을 토대로 발전하였다. 불교가 명상과 수행의 종교로서 대중화되기 시작한 것은 1964년 이후부터다. 선불교와 티벳불교의 전파로 요가, 명상, 선수행을 통한 불교의 대중화가 가속화되었다. 특히 명상과 선수행의 종교로서 불교는 독일의 그리스도교의 큰 관심을 불러 일으켰다. 그리하여 그리스도교의 기도와 불교의 선과 명상을 접목하려는 시도들이 곳곳에서 일어났고 당시 수많은 그리스도교의 수도원과 센터들, 모임에서 그들의 명상생활에 선(禪)을 수용하기도 하였다. 예수회 에노미아 라살레(Hugo

Makibi Enomiya-Lassalle 1898~1990) 신부의 일본 선불교와의 만남은 그 대표적 예다. 그는 선 모임을 격려하였으며, 선 센터들을 설립하였다. 두 차례에 걸친 세계대전을 치루면서 유럽의 문화가 그의 영적 뿌리를 다시 찾기를 원했고, 이를 위해 불교의 명상적 의식이 필요했던 것이다. 마가레타 폰 보르직(Margareta von Borsig)의 『영원한 보석』(원제: 『Juwel des Lebens』, 삶의 보석)도 이러한 배경 하에서 출현하게 되었다.

그 동안 독일의 대중들에게 알려진 불교는 주로 팔리경전을 토대로 하는 남방불교와 일본의 선불교 그리고 티벳불교였다. 대승불교로서의 중국불교와 한문불전(佛典)들은 독일인들에게 생소하였다. 그러던 중 법화경의 중국어 원전을 번역한 보르직의 독일어판 『법화경－경이로운 법의 연꽃에 관한 경전』(Lotos-Sutra. Sutra von der Lotosblume des Wunderbaren Gesetzes)은 기존의 팔리어와 산스크리트어 경전을 통해서만 불교를 만났던 독일 불자들에게 가뭄의 단비와도 같았다. 보르직의 독일어역 『법화경』 전문은 1999년(Schneider Lanbert 출판사), 2003년(Herder 출판사), 2009년(Herder와 Theseus 출판사), 2010년(Kamphausen 출판사)에 걸쳐

3판을 거듭하며 4개 출판사에서 꾸준히 출판되었다. 『영원한 보석』은 법화경 전문에서 8개의 비유와 글들을 뽑아 정리한 법화경 선집이다. 『영원한 보석』도 1986년(Herder 출판사), 1996년(Herder 출판사), 2002년(Herder 출판사), 2008년(Eos 출판사) 등 세 번에 걸쳐 개정을 하며 거듭 출판되었다.

보르직의 『법화경』이 오랜 기간 여러 출판사를 통해 출판된 데에는 그의 책이 독일 독자들에게 중국의 대승불교를 만날 수 있는 유일한 통로였기 때문이다. 특히 선불교가 대중화된 독일에서 교종(教宗)의 대표적 경전인 법화경의 출간은 독일불교의 새로운 전환점을 가져오는 계기가 되었으며, 이로써 보르직은 독일 내에서 최초의 법화경 전문가로 인정받게 되었다. 이후 막스 데그(Max Deeg)의 법화경 독어본이 2판에 걸쳐 출간되기도 했지만(2007년, Primus 출판사/ 2009년, Wissenschaftliche Buchgesellschaft 출판사), 오래 전부터 읽혀 온 보르직의 법화경은 독일인들에게 여전히 대승불교를 만나는 필독서로 읽히고 있다.

『영원한 보석』은 법화경에서 선별한 6개의 비유들과 2개의 글들로 구성되어 있다. 8개 글들은 중생을 구제하려는 붓다의 자비가 그 핵심을 이룬다. 이 책의 제목으로 쓰인 '보석'은 붓다의 자비가 담겨 있는 법화경을 의미한다. 법화경에서 붓다가 우리에게 들려주는 메시지가 '보석'인 것이다. 그 메시지의 목표는 '내가 붓다임'(Buddhaschaft)을 깨닫는 것이며, 이 깨달음으로 인도하는 최고의 경전이 법화경이다.

이 책에서는 법화경이 다른 어느 경전보다도 '최고의 경전'이라는 것이 거듭 강조된다. 붓다는 청자(聽者)의 근기에 맞게 설법을 하였는데, 최고의 경전 법화경 이외의 경전들은 '방편'으로써 주어졌다는 것이다. 성문불(聲聞佛)과 연각불(緣覺佛)에게는 '작은 수레'(소승)가, 보살에게는 '큰 수레'(대승)가 주어졌다. 이것은 천태종의 개창조인 지의가 오시팔교(五時八敎) 교판론에서 법화경을 우위에 두면서 타 종파의 교리들과 화해하고자 하였던 의도와도 일치한다. 화엄종의 법장은 오교십종(五敎十宗) 교판론에서 화엄경을 우위에 둔다. 그러나 원효는 사교판

＊ 졸고, '원효 화쟁론의 해석학적 접근—종교대화원리를 중심으로', 『원불교사상과 종교문화』, 제38집, 2008, 원불교사상연구원 한국원불교학회, 139~142쪽 참조.
＊＊ 제3판 서문에서 저자(M. v. Borsig)는 '불교는 은총(Gnade)'이라고 한 융클라우젠의 말을 빌려 '법화경은 은총'이라고 말한다. 독일어 Gnade(그나데)는 우리말의 불교 용어인 '자비'로도 번역될 수 있다. 그러나 저자는 이 책 본문에서 '자비'를 표현할 때는 Gnade가 아닌 Erbarmen이라는 단어를 줄곧 사용한다. Erbarmen은 일반적으로 '붓다의 자비'를 나타낼 때 사용하는 독일어다. 그런데 저자가 제3판 서

론(四敎判論)에서 타 종파나 교리에 대한 교리적 배타주의와 우월주의의 태도를 경계한다. 원효의 교판론은 불교의 모든 다양한 학파들에게 최고의 가치를 두면서 그들을 대등이 대한다.[*]

　　「왕의 보석의 비유」에서도 "저 힘 있는 왕이 오랫동안 지켜왔던 빛나는 보석을 마침내 선물한 것과 똑같이 나는 최후의 경전으로서 법화경을 준다."(160쪽)고 밝히고 있다. 여기서 붓다는 법화경을 '왕의 머리 위에서 빛나는 보석'에 비유한다. 이 보석은 최후에 가장 공이 큰 공신에게 건네주는 '은총[**]의 선물'로서 '내가 붓다'임을 깨닫게 하는 '최고의 안내자'다. 이것은 「마술도시의 비유」에서의 안내자이고, 「불타는 집의 비유」에서의 아버지이며, 「잃어버린 아들의 비유」에서 다시 찾은 아들에게 모든 보화를 넘겨주는 아버지다. 비유들의 목표는 중생의 성불(成佛, Buddhaschaft)에 있으며, 이 목표를 위해 붓다가 사용한 것이 방

문에서 사용한 Gnade는 주로 그리스도교에서 '하느님의 은총'을 표현할 때 쓰는 용어다. Gnade는 인간에 대한 신의 '무조건적이고 일방적인' 사랑을 나타낸다. 은총은 인간의 노력으로 얻어지는 것이 아닌 하늘로부터 '주어지는 선물'인 것이다. 즉 자력으로 얻어지는 것이 아닌 오직 타력으로 '주어지는' 선물이다. 이 때문에 보르직이 법화경의 특징을 '은총(Gnade)'이라고 소개한 것은 법화경의 비유들에서 보여주는 붓다의 자비(Erbarmen)가 오직 타력에 의해 주어지는 무조건적 선물임을 강조하기 위한 것이라고 할 수 있겠다(역자 주).

편(upāya)이다. 붓다는 청자의 근기에 맞게 방법을 달리하여 법(Dharma)을 전하였다. 목표를 이루기 위해 사용하는 수단(방편)이 다양할 수 있다는 것을 보여준다. 이러한 방편의 필요성과 다양성이 가장 잘 드러난 곳이 이 책의 말미에 있는 「관세음보살의 우주적인 문」이다. 중생구제를 위해 무한한 방편을 사용하는 관세음보살의 빛나는 자비는 이 책의 절정을 이룬다.

인간 자신의 힘만으로는 열반에 들 수 없기에 붓다는 자비의 방편을 통해 중생들의 성불(成佛)을 위한 대각성(大覺醒)을 돕는다. 이 '방편'이 그리스도교와 불교가 만날 수 있는 접점이다. 예수 그리스도는 하느님의 육화로서 타락한 인류를 구원하기 위한 '중보자'로서 세상에 들어온다. 이 '육화된 중보자 예수'의 모습이 바로 붓다의 방편으로 해석될 수 있다. '불타는 집'에서 아들들을 구하려고 사용한 '수레'와 같다. 「잃어버린 아들의 비유」에는 "나는 마음속으로 결코 기대하지 않았다. 이 값비싼 보석이 마치 저절로 들어온 것 같다!"(93쪽)는 아들의 고백이 있다. 자력종교로만 알려져 있는 불교에도 신앙의 타력적인 요소가 있음을 보여주는 구절이다. 기대하지 않은 값비싼 보석, 저절로 들어온 그것이야말로 붓다의 자비이며 예수 그리스도의 은총인 것이다. 「약초의 비유」에서 붓다는 "생명을 주는 비를 쏟아 붓는 큰 구름"(113쪽)이라고 비유한다. 세존(世尊)은 모든 메마른 중생들 위에 축복을 붓고, 중생들을 모든 고통으로부터 구해 내며, 중생들이 세상의 기쁨과 열반의 기쁨을 얻도록 축복하는 자비와 구제의 붓다다. 이러한 중생구제를 위한 붓다의 무조건적 자비는 인류를 구원하기 위해 십자가의 죽음을 택한 예수 그리스도의 절대적 은총과 만난다. 이렇듯 보르직은 방편을 통한 자비와 은총이 그리스도교와 불교가 만날 수 있는 교차점이 될 수 있음을 보여 준다.

『영원한 보석』의 한국어판 출간은 단지 법화경의 지혜를 알리는 차원이 아닌 한국과 독일, 동양과 서양, 불교와 그리스도교 간의 만남이라는 데 그 의의가 크다. 이 책은 아시아에서 유럽의 땅 독일로 건너간 불교가 독일인들에게 어떻게 받아들여지고 해석되고 이해되었는가를 살펴볼 수 있는 좋은 텍스트다. 예로, 보르직은 그리스도교와 만날 수 있는 '자비와 방편' 이라는 주제를 가지고 법화경의 다양한 붓다의 비유들을 한데 모아 엮었다. 자비와 방편은 '은총과 육화' 라는 그리스도교의 신앙고백과 공유할 수 있는 개념이기 때문이다. 나아가 방편이라는 입장에서 보면 다양한 종교와 종파들이 갈등 없이 평화공존 할 수 있는 이유가 되기도 한다. 법화경의 방편이라는 개념은 종교 간 대화의 해석학에 크게 기여할 수 있다.

『영원한 보석』의 또 다른 기여는 불교와 그리스도교 간에 경전을 통한 대화의 장을 열어주었다는 것이다. 그동안 종교 간의 대화가 추상적, 관념적, 교리적인 방향에서 진행되어왔다면, 이 책은 경전을 통한 대화의 자리를 마련했다는데 있어서 그 의미가 자못 크다. 타종교의 경전을 읽고 그들의 지혜를 직접 체험할 수 있는 기회가 주어진 것이다. 한 종교의 『영원한 보석』을 넘어 '종교간 대화의 보석' 이 된 셈이다. 보석은 가장 귀중할 뿐더러 변하지 않는 특성을 지닌다. 언제나, 어디서나, 누구에게나!

『영원한 보석』을 번역할 수 있는 행운을 주신 우리출판사에 진심으로 감사를 드린다. 평소에 독일의 불교를 한국에 소개하고 싶은 생각이 있었는데, 이런 마음의 소원을 이루게 되어 참으로 기쁘다. 이 책을 기회로 한국과 독일, 동양과 서양의 종교 간 대화와 교류가 계속 이어지기를 기대한다.

2010년 9월
김 명 희

차 례

베네딕도 수도회 알탑트 엠마누엘 융클라우젠 신부는 2007년 오순절 강론에서 "불교는 은총이다."라고 말하였다. 은총은 대양처럼 넓고 깊다. 모든 사람을 불멸과 영원한 삶의 강가로 인도하는 큰 수레의 불교, 곧 대승불교의 가장 중요한 경전인 법화경은 은총이 특징이다.

법화경과 붓다의 위대한 선언

중국에는 동굴 깊숙이 살고 있는 푸른 용에 관한 설화가 있다. 그 용은 목숨을 걸었을 때만 빼앗을 수 있는 보석을 턱 밑에 가지고 있다.[1] 하기에 우리들은 지금 무상(無常)한 시대의 용에게서 법화경의 보석을 빼앗으려고 한다. 법화경은 약 2천 년 전에 이루어진 경전이다. 이 책은 법화경의 내용 중 선별한 글을 처음으로 독일어로 번역해 놓은 것이다. 법화경(Lotos - Sūtra)의 문자적 의미는 '기묘한 법의 연꽃에 관한 경전'(Saddharmapuṇḍarīka-Sūtra, 妙法蓮華經)으로 이 경전은 붓다의 설교를 담고 있다. 법화경의 중심인물은 우리들이 흔히 고타마 붓다(약 BC 560~480)라고 부르는 붓다 석가모니[*]이다. 그러나 법화경은 동시에 붓다가 사람들에게 그의 삶의 유산을 나눠 주고 자신의 삶의 보석을 드러낸 것과 같이 그를 초역사적이고 초월적인 모습으로 묘사하고 있다.

---

[*] 저자는 이 책에서 붓다를 지칭할 때 항상 'Buddha Śākyamuni' (붓다 석가모니)란 표현을 사용한다. 초월자로서의 붓다와 역사적 스승으로서의 석가모니가 한데 어우러져 있다. 이것은 그리스도교의 '예수 그리스도'란 표현과도 상응한다. 그리스도교와 불교와의 대화를 추구하고 있는 보르직의 의도가 '붓다 석가모니' 라는 지칭 속에서도 드러난다(역자 주).

법화경은 기원전 200년에서 기원후 200년 사이에 인도에서 기록되었다. 우리는 다른 경전들의 경우와 마찬가지로 법화경의 정확한 저술시기와 저자(경우에 따라서는 여러 명의 저자)를 알지 못한다. 일본학자 나카무라(H. Nakamura)는 기원전 1세기에 경전의 원형이 저술되었다고 생각한다. 그리고 이 작품은 기원전 2세기 말에 오늘날 우리에게 알려진 형태로 출간되었다.[2] 물론 법화경에 수록되어 있는 설법들은 불교의 가르침에 따르면 직접 역사적인 붓다 석가모니에게로 소급되는 것으로서 구두로 전승되다가 마침내 대승불교의 발전 시기에 문자로 기록되었다.

법화경은 비교적 이른 시기에 중국어로 번역되었다. 특히 인도의 승려 구마라집(343~413년)이 406년에 한역한 중국어 번역서는 고대중국과 일본에 널리 전파되며, '동아시아의 성경'이라고 불리게 되었다.[*] 듀물랭이 말했듯이 '뛰어난 〈거룩한 책〉'은 "명성을 지닌 몇몇 종파들 중에 첫 번째 자리를 차지하고 있으며 모든 불자들로부터 높이 숭배되고 있다."[3] 또한 오늘날 일본에서는 구마라집이 번역한 법화경이 릿쇼 고세 카이(立正佼成會, 참된 믿음과 인도주의를 위한 학회)와 쇼카 가카이(創價學會, 가치창조의 학회)와 같은 현대 법화경 학파에 속해 있는 많은 불교도들로부터 가장 존경 받고, 사랑 받고, 읽혀지며 암송되고 있다. 나는 동경 근처에 있는 이케가미의 니치렌슈(日蓮宗)[4] 사찰에서 법화경의 독송을 직접 들은 적이 있다. 내가 이 책에서 처음으로 독일어로 전하기 위해 사용한 번역서도 구마라집의 한역본이다.

[*] 보르직은 이 책에서 누누히 중국과 일본불교를 거론하며 아시아불교를 이야기하는 데, 이는 서구 사회에서의 한국불교에 대한 인식 정도를 보여주는 예라 할 것이다(역자주).

중국과 일본의 법화경의 전파에 가장 큰 공헌을 한 사람은 인도의 승려 구마라집이다. 따라서 그의 생애를 간략하게나마 좀 더 가까이 살펴보는 것은 의미 있는 일이다. 구마라집의 생애에 대한 최초의 기록은 519년 혜교에 의해 저술된 고승들의 전기서인 고승전(高僧傳)에서 볼 수 있다.

고승전에 따르면 구마라집은 343년에 중앙아시아의 쿠차(Kucha)왕국에서 태어났다. 그의 부친은 인도인이었고 모친은 쿠차왕국의 공주였다. 구마라집은 청소년 시절에 소승(小乘)불교 혹은 초기불교를 수학한 후에 대승(大乘)불교로 완전히 전향했다. 383년에 쿠차왕국은 중국에 예속되었고, 구마라집은 오늘날 칸슈 지방에서 18년간 전쟁포로 생활을 하게 되었다. 그리고 이 시기에 그는 중국어의 대가들을 그의 주변에 불러 모았다.

401년에 수도 장안에 도착한 구마라집은 국사(國師)로 환영 받았다. 왕은 높은 학식으로 명성이 자자한 그를 위하여 나라의 모든 불교학자들을 모았으며, 그들의 협력 하에 국가재정으로 대규모 번역사업을 계획하였다. 이 학자들은 구마라집의 지도 아래 경전총서를 산스크리트어에서 중국어로 번역하였는데, 그 가운데 하나가 묘법연화경 즉 법화경이었다. 구마라집의 역본은 중국과 일본에서 전 세기에 걸쳐 그 권위를 인정받아 왔다.

7권 28장으로 구성되어 있는 구마라집의 법화경을 보다 명확하게 이해하기 위해, 중국의 승려 중 가장 주요한 인물 가운데 한 사람인 천태대사 지의(538~597)는 이 경전을 크게 두 부분으로 분류하였다. 1~14장에서는 붓다의 세상적인 현현에 대한 가르침을, 15~28장에서는 붓다의 근원적(초세간적)인 본질에 대해 다룬 것으로 파악한 것이다.

첫 번째 부분은 기원전 560~480년에 인도에서 살았던 역사적 석가모니에 대한 것이다. 그는 석가족의 왕자였고 부인 야소다라와의 사이에 아들 라훌라를 두었다. 당시 싯다르타 고타마(Siddhārtha Gautama)라고 불렸던 석가모니는 세상의 고통과 불행을 모르는 궁궐에서 음악이 연주되는 행복하고 아주 부유한 세계에서 살았다. 이것은 마치 부유한 가정의 밝은 세계에서 성장하여 젊음을 누렸던 성 프란치스코와 같았다. 나병환자와의 만남이 삶의 전환점이 되었던 성 프란치스코와 같이 석가모니 또한 네 번에 걸친 궁궐 밖의 외출에서 이루어진 노인과 병자, 장례행렬 그리고 수행자와의 만남이 그의 삶에 전환점이 되었다. 이 만남은 석가모니에게 깊은 내면의 자극을 주었고 삶과 죽음의 의미에 대한 문제와 맞닥뜨리게 했다.

성 프란치스코는 나환자와 입맞춤을 한 후에 마침내 아씨시(Assisi)[5]의 산 다미아노(San Damiano) 성당에서 그리스도로부터 자신이 씨름해 온 문제에 대한 답을 받는다. 구원에 이르는 방향을 제시한 그 답은 이러했다.

"프란시스코야, 어떻게 내 집이 무너졌는지 보지 못했느냐? 가거라. 그리고 그 집을 다시 세워라!"

이것은 가야(Gaya)[6]의 무화과나무 아래서 오랫동안 고독한 수행을 하던 석가모니에게 던져진 "샤카족을 떠나라."는 말과 다를 바 없다. 그렇게 석가모니는 삶의 법과 삶의 근원에 대한 깨달음을 얻게 되었다. 이 깨달음은 최고의 완전한 깨달음(아눗다라샴막삼보리, Anuttara-samyak-saṃbodhi)이며, 법화경에서 수없이 나오는 깊은 신비에 싸여 있는 초월적인 경험이다.

그리고 성 프란시스코가 그리스도께 귀의한 후에 사람들-특히 고통 받는 자들과 나병환자들-과 모든 피조물들에게 무한한 자비를 펼쳤던 것처럼, 깨달음 후에 '깨달은 자', 곧 '붓다'로 불려 진 석가모니도 세상의 중생들에게 한없는 자비(karuṇā)를 펼쳤다. 이것은 선하고 자비로운 아버지로서의 붓다가 사람들, 곧 그의 자녀들을 죽음과 고통에서 구해 낸 법화경의 설법들과 비유들에서 나타난다.

붓다 석가모니는 깨달음을 통해 고통의 본질에 대하여 깊은 통찰을 얻게 되었고, 이 후에 법화경(제7장)에서도 말하는 '사성제'(四聖諦)를 선포한다. 네 가지 고귀한 진리는 다음과 같다.

1. 모든 것은 고통이다(苦).

2. 고통에는 원인이 있다(集).

3. 고통의 극복이 있다(滅).

4. 고통을 극복하는 길이 있다(道).

붓다 석가모니는 깨달음을 통해 고통을 극복하는 길을 알았다. 그것은 고통과 욕망, 생로병사(生老病死)의 곤경으로서 '불타는 집'으로부터 구원과 해탈을 위한 길이며, 붓다가 법화경에서 설하고 드러낸 것처럼 깨달음과 붓다, 열반과 공(空)에 이르는 길이다.

붓다 석가모니는 일단의 제자들에게 '법의 바퀴(法輪)을 돌린 것으로부터' 여든에 열반에 들 때까지 40년 넘게 사람들 속에서 가르쳤다. 중국 천태대사의 가르침에 의하면, 붓다 석가모니는 그의 생애 말년에 그의 삶의 보석이자 유언이자 유산으로서 법화경을 설해야 했다. 법화경 제14장 「평안한 안정과 기쁨 안에 거함」(安樂行品)에서 붓다 석가모니는 다음과 같이 말하였다.

"이 법화경은 여래* 의 모든 설법 중에 최고의 설법이며 가장 심오한 설법입니다. 마치 권세 있는 왕이 오랫동안 지녀왔던 것을 마침내 선물하려고 (머리 위에) 빛나는 보석을 주듯이 나는 법화경을 마지막 경전으로 줍니다."

---

* 붓다의 다른 호칭, 직역하면 '이렇게 온 사람'

고통을 극복하기 위한 길(道)은 열반(Nirwana), 공(空), 깨달음, 완전한 지혜로 붓다의 세계가 목표하는 것이다. 이 불교의 근본 개념들 즉 열반, 공, 완전한 지혜를 좀 더 자세히 살펴보자. 듀물랭(Dumoulin)은 다음과 같이 쓰고 있다.

"붓다, 열반, 깨달음은 (대승불교에서는) 진리의 절대적인 측면을 표현한 것이다. 진리의 현상은 생성의 다양성 안에서 변화하는 윤회의 세계를 말한다. 이 윤회의 세계에서 중생들은 시행착오를 거치면서 해탈을 추구한다."[7]

니르바나(Nirwana, 열반)란 무엇인가?

듀물랭에 따르면 문자적 의미에서 열반은 "va(= '바람처럼 불다')로부터 파생된 것으로서 어떤 부정적인 것을 의미한다. 결국 열반은 부정접두사 nir와 함께 바람이 불지 않고, 불이 꺼져 있는, 움직임이 없는 고요한 상태를 뜻한다."[8] 그것은 마치 장작이 다 소모되면, 그 불도 사라지는 것과 같다.

법화경에서 열반은 대체적으로 두 가지 뜻을 지닌다. 첫째는 욕망이 사라진 상태다. 욕망의 여읨이란 무엇보다도 붓다 석가모니가 법화경에서 자주 언급했던 재물(財欲), 음식(食欲), 남녀 간의 교접(性欲), 명예(名譽欲) 그리고 수면(眠欲)에 대한 '다섯 가지 욕망'(五欲)과 탐욕(貪), 증오 및 분노(瞋), 어리석음(痴)의 '삼독'(三毒)을 근절하는 것이다. 이 점에 있어서 니르바나는 가식과 아집을 버리는 것을 뜻하지만, 최고의 목표인 산 정상에 있는 보석장소(제7장 「환상의 도시의 비유」—化城喩品 참조)에 도달하는 것을 의미하기도 한다.

또한 니르바나는 죽음이 극복되는 것 곧 사라지는 것과 생애 말에 다른 세계, 즉 불멸의 극락에 들어가는 것을 의미한다.(법화경 제16장 「여래의 수명」—如來壽量品)

불교에서는 열반에 든 자는 열 가지 존재양식(Seinsweisen)−존재단계(Existenzstufen) 혹은 길(Pfade)−중에 아홉 단계에 이르는 윤회의 사슬을 끊게 된다고 가르친다. 그렇게 되면 완전한 단계인 붓다의 세계에 들어가는 것이다. 불교에서는 열 가지 존재양식 중 아홉 가지(2부터 10까지) 존재양식으로 다시 태어날 수 있다.

1. 붓다(깨친 자)
2. 보살(깨달은 존재)
3. 연각불(자기를 위하여 혼자 깨달은 자)
4. 성문(聲聞, 제자)
5. 신(신들)
6. 인간
7. 아수라(마귀, 타락한 영웅들의 영혼)
8. 짐승
9. 아귀(餓鬼)
10. 지옥의 거주자

윤회가 끝나는 최상위의 단계는 붓다의 단계다. 사람이 다시 태어날 수 있는 아홉 단계 중 제2단계부터 제4단계까지는 더 이상 아래의 단계로 떨어질 수 없는 특성을 지닌다.(Avaivartika, 不退轉) 사람은 인간존재의 단계로부터 이 네 단계에 도달할 수 있다. 그렇기 때문에 인간으로 다시 태어난다는 것은 극히 좋은 일이다.

또한 열반에 든 사람은 더 이상 아홉 단계의 존재양식 중 어느 하나로도 다시 태어나지 않는다. 그의 행위의 결과와 윤회에 의한 과보(果報), 곧 그의 업(karma)은 완전히 소멸된다. 이 사람은 붓다가 되어 다른 강, 곧 피안의 강을 건너간다. 법화경 제5장 「초목의 비유」(藥草喩品)에서 일컫듯이 그는 공(空)의 세계에 들어가며, "공(空)으로 귀의한다."

‘공’ (空)과 이와 유사한 ‘무’ (無)라는 개념은 불교와 도교에서 중요한 역할을 한다. 이 두 개념은 허무주의적으로 이해될 수 없다.[9] 공(空)과 무(無)는 세계의 가장 깊은 근원(Urgrund)을 의미하며 “이원론을 초월한다.” 나는 공 개념에서 릴케(Rilke)의 시 오르페우스(Orpheus)에게 바치는 소네트(제19편)의 첫 부분을 떠올린다.

구름의 형상처럼

세계도 급속하게 변한다.

모든 완성된 것은

태고의 것으로 귀향한다.

아시아에서는 사람들이 '공(空)으로 돌아간다'고 말한다. 또한 노자가 사용한 '공'(空) 개념은 불교에서의 공의 본질을 예측할 수 있게 도와준다. 노자는 노덕경 제11장에서 다음과 같이 말한다.

젖은 진흙으로 그릇을 빚는다.
그러나 그 안의 비어있음(空, 無)이
항아리의 채움을 가능케 한다.

그것은 사람에게도 마찬가지다. 욕망으로부터 자유롭게 비어있는(空) 사람은 동시에 영적인 것과 초월적인 빛, 그리고 전혀 다른 사람들과의 만남을 위해 열려 있다.

또한 그것은 그리스도교의 시인인 게르하르트 테르스테겐(Gerhard Tersteegen) 의 「자유시간」(Feierabend)이란 시 중에서도 나타난다.

> 하느님, 당신의 손을 내 속에 두사
>
> 당신의 진흙을 마련하소서.
>
> 당신에게 내 힘은 공(Leere)이고 침묵의 능력입니다.
>
> 당신의 뜻에 따라 그걸 직접 움직이시고 직접 채우소서.

뿐만 아니라 이 의미 안에서 불교의 격언도 이해될 수 있다.

"비움(空) 없이 깨달음이 없고 깨달음 없이 비움(空)도 없다."

5세기 중국의 운강석굴(雲崗石窟) 안에 있는 하늘을 나는 인도의 요정들 (Apsaras)이 옮겨 온 화려한 연꽃을 보면, 그 연꽃의 꽃잎이 붙어 있는 내부의 원 은 비어 있다. 이것은 절대(das Absolute)에 대한 상징이기도 하다.

붓다 석가모니는 법화경에서 그가 설한 법의 도움으로 사람들을 '완전한 지혜'(Prajñā)에 이르도록 인도한다(법화경 제5장 도입부 참조)고 자주 언급한다. 이제 '지혜'의 개념에 더 가까이 접근하기 전에 '법'(法)이란 용어를 설명하고 싶다. '법'은 산스크리트어 '다르마'(Dharma)의 번역이다. 글라센압(Glasenapp)[10]에 의하면 다르마는 어원학적으로 어근 'dhar', 즉 '나르다'에서 유래한 말로 넓은 의미에서 어쨌든 '내실 있는 원칙'(Tragendes Prinzip)으로서 세계화과정(Weltprozess) 안에서 불교도들이 보는 모든 것을 뜻한다. 듀물랭은 다르마를 불법(佛法), 붓다의 가르침, 또한 불교의 본질로서도 나타낸다. 다르마 곧 붓다가 설한 법의 도움으로 붓다 석가모니는 '완전한 지혜', 즉 프라즈나(Prajñā)로 인도한다. 지혜는 붓다의 제자(Śrāvaka), 특히 보살(깨달은 존재)이 수행하는 육바라밀(Pāramitās) 중 최고의 단계다. 육바라밀은 다음과 같다.

1. 보시(布施, Dāna)
2. 지계(持戒, Śīla)
3. 인욕(忍辱, Kṣānti)

4. 정진(精進, Vīrya)
5. 선정(禪定, Dhyāna)
6. 지혜(智慧, Prajñā)

5세기 중국 운강석굴의 천정 그림(동굴10).
12개와 15개 잎으로 구성된 연꽃을 천녀(天女)들이 옮기고
있다. 기젤라 파우제(Gisela Pause) 복사.

붓다가 중생들을 인도하고자 하는 '완전한 지혜', 곧 프라즈나(Prajñā)는 세계의 신비를 직관적으로 완전히 인식하는 지혜다. 그 지혜는 깨달음(Erleuchtung), 공(空, Leere), 열반(Nirwana), 불성(佛性, Buddhanatur)의 깨침과 동등하다.

그러나 육바라밀이라는 좋은 뿌리를 심을 수 없는 약하고 의지할 데 없는 사람들은 어떻게 할 것인가? 붓다 석가모니는 법화경의 제2장 「절묘한 방편」(方便品)에서 중생들이 어떠한지를 다음과 같이 기술하고 있다.

나는 붓다의 눈을 가지고 본다.

내가 가난과 고통 속에 있는

육도(六途)[11]의 중생들을 살펴보면,

그들에게는 행복과 정신적 능력이 없다.

그들은 삶과 죽음의 가파른 길 위에 있다.

그리고 그들의 모습은 계속 지속되고, 고통은 멈추지 않는다.

그들은 야크(들소)가 자기 꼬리를 사랑하는 것처럼

오욕(五慾)[12]에 매여 있다.

그들은 욕망과 고통으로 자기를 덮는다.

이들 중생들에 대해 나는 대자비의 마음을 가진다.

붓다 석가모니는 덕을 닦을 수 없는 중생들에게 대자비심을 갖는다. 그러나 대승불교(대법륜)의 이것은 중생이 '자력'(自力)으로 열반을 추구해야 하는 소승불교(소법륜)의 그것과 다른 것이다. 오히려 붓다 석가모니는 중생에게 자비롭게 다가간다. 의지할 데 없는 인간은 붓다, 즉 '타력'(他力)[13)]에 전적으로 의존할 수밖에 없다. 이렇게 되면 붓다 석가모니는 무량한 자비로 그를 깨달음으로 인도할 것이다.

제25장 「관세음보살의 우주적인 문」(觀世音菩薩普門品)에 의하면 오직 끊임없이 '관세음보살'(세상의 소리에 귀 기울이는 자)의 이름을 부르는 자는 곤경에서 구해질 것이라고 한다.

일본의 승려 니치렌(日蓮, 1222~1282)은 언제나 오직 법화경의 칭호를 부르는 자가 깨달음에 이른다고 가르쳤다. 나는 큐슈의 하카타에 있는 니치렌스님의 커다란 입상 옆에서 평범한 한 일본의 어부가 법화경의 경명을 독송하는 것을 들었다. 오늘날에도 수백만 명의 일본인들이 '나무 묘호-랜게교(Namu Myōhō-rengekyō)', 즉 "나는 법화경에 귀의합니다."를 암송한다.

대승불교, 특히 법화경 제2장 「절묘한 방편」(方便品)에서 전하는 것처럼 평범한 사람이라 할지라도 붓다 석가모니에게 믿음으로 귀의하는 사람은 구원, 곧 니르바나에 들 수 있다. 법화경 제2장은 모든 중생은 불성(佛性)을 가지고 있으며, 누구나 이 불성을 실현할 수 있다고 가르친다.

붓다의 이 빛나는 자비의 교리로 인해 법화경은 물론 대승불교가 소승불교와 구별된다. 그라프 뒤르크하임(Graf Dürckheim)은 다음과 같이 말한다.

　　"소승불교는 그들의 이상을 아라한(聖人, Arhat)에 둔다. 아라한은 개별자로 자신을 위한 존재로 선별된 자이고 특별히 소명을 받은 자이자 도를 닦은 자로서 열반에 들어갈 기회를 가진 자다. 반면에 대승불교는 모든 사람이 불성(佛性, Buddha-Natur)을 온전히 의식하고 불성과 하나가 되면서 누구나 본래 갖고 있던 불성의 힘으로 극락, 즉 최종적으로 모두 하나가 되는 곳에 들어갈 수 있다는 가능성을 보여 준다. 그러나 그는 모두 하나가 되는 경험을 가지고 다시 세상으로 돌아와서 세상의 십자가를 지고 인간들에게 향한다. 이러한 이상적 인간을 보살이라고 부른다."[14)

　　법화경에서 붓다 석가모니는 성문(聲聞 : 청자 및 제자), 연각(緣覺 : 혼자서 깨달은 자), 보살(菩薩 : 깨달은 존재)의 구원을 위하여 삼승(三乘)에 관하여 언급한다. 성문불과 연각불[15]은 아라한(聖人)을 이상으로 하는 소승의 두 개의 수레(乘, Fahrzeug)다. 보살승(Bodhisattva-Yāna)은 대승의 수레, 즉 모든 사람을 이 세상(此岸)의 고통으로부터 열반의 세계(彼岸)의 강 언덕으로 인도해 주는 '수레' 이다. 듀물랭은 삼승에 관하여 다음과 같이 기술한다.[16]

"붓다의 가르침을 듣고 믿음으로 따르는 자, 즉 청자(聽者)는 선정(禪定, Samā-dhi) 속에서 스스로 해탈의 깨달음을 얻어 성인(아라한)이 된다. 초기 붓다의 모든 제자들은 석가모니를 따라 이 길을 갔고 열반에 들었다. 또한 팔리 경전에서는 혼자의 힘으로 된 붓다들(연각불)이 지칭된다. 이들은 붓다의 가르침과는 별개로 자력으로 완전한 붓다가 되었다. 세 번째 보살승(菩薩乘)은 두 개의 다른 승(乘)들을 능가하는 것으로 유일하게 '크다'(Mahā)고 할 수 있다. 이것이 모든 중생들에게 완전한 해탈을 보장한다. 대승 경전들은 최고의 권위로 보살승의 완전함을 드러낸다.”

법화경에서는 소승과 대승, 성문불과 연각불의 두 개의 승(乘)과 보살승 사이의 긴장이 팽팽하게 느껴진다. 법화경에서 발췌한 우리의 텍스트는 비유로 시작하는 데 제3장은 「비유」(比喩品)이다. 여기에서 붓다 석가모니는 '불타는 집'이라는 비유, 즉 '방편'(Upāya)을 사용하여 삼승(三乘)에 이르게 하여 사람들을 구했다. 그러나 실제로는 오직 하나의 승(乘), 곧 보살승(菩薩乘) 및 불승(佛乘)이 있을 뿐이다. 붓다는 사람들에 대한 자비로 그들의 수준에 맞춰 성문불과 연각불의 수단을 가지고 가르쳤다. 그러나 이제 때가 무르익었고 사람들이 적절한 상태에 있기 때문에 붓다는 모든 사람들을 포용하는 보살승을 가지고 가르친다. 모든 사람들은 보살과 붓다가 될 수 있다. 이것이 법화경의 위대한 선언이다.

이 선언은 '불타는 집'(제3장 「비유」-比喩品)과 '잃어버린 아들'(제4장 「믿음을 통한 깨달음」-信解品)의 매혹적인 비유와 「약초의 비유」(제5장 藥草喩品)와 「마술도시의 비유」(제7장 化城喩品)에 잘 나타난다. 이 모든 비유들은 이 책에서 읽을 수 있다.

붓다 석가모니는 모든 중생들을 덧없는 세상의 수렁으로부터 지상을 초월한 무한한 삶과 영원히 꽃피우는 순결한 연꽃 속으로 인도하고자 한다. 이것은 특별히 법화경의 가장 중요한 장(章)인 제16장 「여래의 수명」(如來壽量品)에서 잘 드러난다. 비록 붓다가 눈에서 사라져 열반에 들었지만, 그러나 그는 여전히 사람들 곁에 머물고 있다.

"생이란 측량할 수 없는 것이고 셀 수 없는 세계의 시대를 아우르는 것이고 영속하여 사라지지 않는다."

이것이 제16장 「여래의 수명」(如來壽量品)에서 천명한 깨친 자(der Erwachte)이자 깨달은 자(der Erleuchtete)이며 자비로운 자(der Allerbarmer)[*]인 붓다 석가모니의 위대한 선언이다.

[*] 저자 보르직은 붓다 석가모니를 세 가지로 정의하는 데 그 첫째가 'der Erwachte' (깨친 자)다. 독일어 'der Erwachte'는 동사 'erwachen'에서 온 것으로 '눈을 뜨다', '잠을 깨다'란 뜻을 지닌다. '깨침'(Erwachen)이란 잠에서 '깨어나는 것'과 같기에 저자는 'der Erwachte'란 표현을 사용하였고, 이 책에서는 '깨친 자'로 번역하였다. 이렇듯 보르직은 붓다 석가모니를 '단박에 깨친 자' 곧 '돈오(頓悟, satori)한 자'란 뜻을 가진 'der Erwachte'로 정의하고 있다.

두 번째 정의인 'der Erleuchtete'는 '밝게 비추다', '계몽하다'란 뜻을 갖고 있는 동사 'erleuchten'에서 온 것으로서 '깨달은 자'로 번역하였다(깨침과 깨달음이란 용어의 의미 구별은 역자의 논문 '교신과 조신의 대승적 믿음을 통해 본 종교간 대화의 해석학', 「종교연구」 제54집, 2009년 봄, 229~237쪽 참조). 이때 '깨달음'이란 '점차로 계몽되어지는 것'을 말한다. 따라서 'der Erleuchtete'는 '점차적인 깨침(漸悟/漸修)을 얻은 자'란 뜻이다. 보르직의 두 정의대로라면, 붓다 석가모니는 깨침과 깨달음, 돈오(頓悟)와 점수(漸修)를 동시에 지닌 존재였던 것이다.

마지막으로 보르직은 붓다 석가모니를 '자비로운 자'(der Allerbarmer)로 정의한다. 이것은 '붓다의 빛나는 자비'를 기술하고 있는 이 책의 주제이기도 하다. 앞서 붓다에 대한 두 개의 정의(깨친 자와 깨달은 자)가 붓다 자신을 위한 자리행(自利行)이었다면 세 번째 정의는 대승불교의 핵심인 붓다의 이타행(利他行)을 담고 있다. 깨침과 깨달음 뒤에 오는 붓다의 자비행은 몸(體)과 몸짓(用)의 일치된 신앙을 강조하는 불교의 정수라 할 수 있다(역자 주).

불타는 집의 비유

붓다 석가모니는 제3장 「비유」(譬喻品)에서 법화경의 첫 번째 비유를 설명한다. 이 비유는 '불타는 집'에 관한 극적인 비유다. 비유는 붓다를 아들들에게 두려움과 근심, 동정심과 자비심을 품은 아버지로 나타낸다.

아버지는 놀이에 심취해 있어 자신의 말을 따르지 않는 자식들을 구하고자 한다. 그때 아버지는 자식들을 불타는 집으로부터 유인해 낼 '하나의 방편'(Upā-ya)을 생각해 낸다. 그는 각각의 자식에게 놀이용 수레를 약속한다. 그 수레는 집 밖에 놓여 있으며, 아이들이 정말로 원하던 수레로서 염소[*], 사슴 혹은 황소가 끄는 수레다. 약속한 대로 아이들은 기뻐서 불타는 집에서 뛰어 나온다. 그리고 구조된다! 아버지는 그의 아이들을 구해 내어 그들의 생명을 지킬 수 있었던 것에 대해 무한히 기뻐한다. 하지만 여기서 각각의 아이들이 얻은 수레는 흰색 황

---

[*] 보르직은 법화경 원문의 '양거(羊車)-양이 끄는 수레'를 'ein Wagen mit Ziegen', 즉 '염소가 끄는 수레'로 번역하였다(역자 주).

소가 이끄는 보석들로 장식된 값비싼 수레들로 모두 동일한 것이다. 또한 모든 아이들이 똑같은 방법으로 가장 아름다운 수레를 얻는다.

이 비유가 우리에게 말하고자 하는 것은 무엇일까? 붓다 석가모니는 자식을 둔 아버지처럼 인간들에게 동정심과 자비심을 느껴 그들을 욕정과 욕망 그리고 생로병사(生老病死)하는 고통의 장소로서 지상의 세상인 불타는 집으로부터 구해 내어 고요함과 평화, 기쁨이 있는 모든 고통이 끝나는 열반(Nirwana)으로 인도하고자 한다.

우리가 서문에서 살펴보았듯이, 붓다 석가모니는 궁전으로부터 네 차례의 외출(四門出遊)을 통해 노인, 병자, 장례행렬과 탁발승을 만난 후 오랫동안 삶의 법을 추구하게 되었으며, 그리하여 이 세상의 생로병사의 고통을 깊이 경험한다. 붓다는 가야의 근교에 있는 무화과나무 아래서 최고의 완전한 깨달음(아눗다라삼먁삼보리 Anuttara-samyak-saṃbodhi)을 얻어 삶의 법(das Gesetz des Lebens)을 경험하게 되었고, 이 후 삶의 법을 '사성제'(四聖諦, die Vier edle Wahrheiten)[*]로 표현하였다. 붓다 석가모니는 깨달음 속에서 고통을 근절하기 위한 길을 발견하였다. 붓다를 가리켜 법화경(제3장)은 "그의 마음은 바다와 같이 고요하다."라고 말한다. 또한 '모든 중생의 아버지'로서 붓다는 중생들을 고통과 곤경으로부터 해방시키며, 자신의 최고의 완전한 깨달음을 모든 중생들에게 전하고자 한다. 그는 말한다.

"나는 중생들에게 무량하고 무한한 붓다의 지혜의 기쁨을 준다."(제3장)

그리고 모두가 붓다와 같이 스스로가 열반에 들어가야 한다. 붓다 석가모니에게는 생로병사의 끊임없는 고통을 극복함으로써 인간의 삶을 열반으로 인도하

---

[*] '사성제'(四聖諦)에서 '제'(諦, satya)란 '진리' 또는 '진실'을 의미한다. 따라서 사성제란 '네 가지 성스러운 진리'라는 말로서 고성제(苦聖諦, 고통), 집성제(集聖諦, 고통의 원인), 멸성제(滅聖諦, 고통의 소멸), 도성제(道聖諦, 고통의 소멸에 이르는 길)를 가리킨다. 사성제는 불교의 모든 교리 가운데서 가장 중요하다고 하겠다(역자 주).

는 것이 핵심 문제다. 이것이 '불타는 집'의 비유가 전하는 실존적인 메시지다.

붓다가 비유에서 말하는 '방편'이란 그의 가르침에서 무엇을 의미하는가? 아이들이 원했던 다양한 마차는 무엇을 뜻하는가? 그리고 원래의 선물, 즉 보석으로 장식한 황소마차는 무엇을 말하는가?

'책략'과 '적합한 안내'(= 각각의 이해능력의 범위에 맞추는 것)로 번역되는 '방편'은 붓다가 인간의 이해력에 맞춰 설하는 것을 의미한다. 그는 사람들을 단계별로 진리로 안내한다. 만일 붓다가 사람들에게 준비 없이 즉시 완전한 진리를 설한다면, 이들은 그것을 이해할 수 없고 받아들일 수 없었을 것이며, 구원에서 멀어졌을 것이다. 법화경에 따르면 붓다 석가모니는 먼저 소승(작은 수레)의 길, 즉 성문(聲聞: 청자 및 제자)의 길과 연각(緣覺: 혼자서 깨달은 자)의 길을 설한다. 그리고 비로소 후에 대승의 길(큰 수레), 즉 보살(菩薩, Bodhisattva: 깨달은 존재) 및 붓다의 길을 가르친다. 소승에서는 단지 개인, 즉 수행하는 고행자인 성문불(聲聞佛)과 연각불(緣覺佛)만이 열반에 들어갈 기회를 갖는 반면에, 대승의 가르침은 모든 중생이 붓다의 믿음 안에서 불성(佛性)을 발전시킨다면 그들은 그들 안에 내재해 있는 불성에 근거해 열반에 들어갈 수 있다고 한다.

누구나 붓다의 길을 갈 수 있고, 또 가야 한다. 다른 길들은 비유에서 염소와 사슴마차와 같이 단지 사람들에게 맞춘 '방편'일 뿐이다. 모든 사람들은 마침내 동일한 방법으로 화려한 보석장식의 황소마차, 즉 보살 및 붓다의 수레(菩薩乘 및 佛乘)인 대승(大乘, Mahāyāna)을 얻게 된다.

이미 제2장 「절묘한 방편」(方便品)에는 모두를 위하여 붓다가 되기 위한 근본적인 메시지가 실려 있다. 그리고 여기 제3장, '불타는 집'의 비유에서 그 메시지는 더욱더 발전된다.

붓다 석가모니로부터 '불타는 집'의 비유를 들었고, 명석한 사고와 높은 학식으로 유명해진 제자 사리불(Śāriputra) 자신은 성문(聲聞: 청자, 제자) 이었다. 그는 제3장 도입부에서 붓다로부터 그 또한 붓다가 될 것이라는 예언을 받는다. 사리불은 붓다의 예언에 기뻐하며, 붓다 석가모니에게 '네 종류의 공동체'* 에게도 '모든 사람들을 위한 보살도(菩薩道)와 불도(佛道)'에 관한 붓다의 새로운 메시지를 설하도록 부탁하였다.

---

* 사부대중, 즉 비구 · 비구니 및 남자 신도(우바새)와 여자 신도(우바이)

부처님께서 사리불에게 말했다.

세상에서 공경 되는 모든 붓다들은 다양한 업(karma)의 보고들을 가지고, 그리고 방편으로 비유들을 설명함으로써 법을 전한다고 내가 일찍이 말하지 않았더냐? 이 모든 설법들은 보살들을 교화시키기 위한 것이다. 그러므로 사리불이여, 나는 지금 하나의 비유를 들어 이 의미를 더욱 분명하게 하고자 한다. 왜냐하면 지혜를 가진 사람들은 비유를 통하여 이해할 수 있기 때문이다.

사리불이여! 이렇게 상정해 보자.

어느 나라 어느 도시 어느 마을에 한 큰 장자(長者, ein großer Älter)[*]가 있었다. 그는 늙었고 재물과 부는 헤아릴 수 없이 많았다. 그 장자는 많은 밭과 집들과 아주 다양한 노예와 하인들을 소유하고 있었다. 그의 집은 넓고 컸으나 문은 오직 하나뿐이었다. 그 안에는 다양한 사람들이 대단히 많이 있었다. 100명, 200명, 500명까지의 사람들이 그 안에 살고 있었다. 그 집의 홀과 방들은 부숴졌고 낡았으며, 벽들은 갈라지고 대

---

[*] 보르직은 불타는 집의 비유에 나오는 '장자'(長者)를 'Ein-Älter(노인, 나이든 어른)'로 옮기고 있다. '장자'의 사전적 의미는 '윗사람', '덕망이 있고 경험이 많아 세상일에 밝은 어른' 또는 '큰 부자를 점잖게 이르는 말'이다. 비유의 'Ein Älter'는 앞의 세 가지 의미를 다 지니고 있는 한 가정의 가장이자 아들들의 아버지로 등장한다(역자 주).

들보는 튀어나왔고, 천장과 용마루는 기울어 위험하게 되었다. 그런데 갑자기 사방에서 동시에 불이 나서 온 집에 퍼졌다. 열, 스물 혹은 서른이나 되는 장자의 아들들은 바로 그때 그 집에 머물고 있었다. 장자는 곧 사면에서 큰불이 일어나는 것을 보며 크게 놀라서 생각했다.

'비록 나는 혼자 힘으로도 이 불타는 건물의 문으로 온전히 빠져나올 수 있지만, 그러나 모든 아들들은 이 불타는 집에서 매력적인 놀이에 깊이 빠져 즐기고 있다. 그들은 아무것도 깨닫지도 알지도 못하고, 놀라지도 두려워하지도 않는다. 불이 가까이 와 그들의 몸을 둘러싸서 극심한 고통이 덮치고 있지만 마음속에는 근심도 두려움도 없어 빠져나오려고 애쓰지도 않는다.'

사리불이여! 이 장자는 그래서 생각한다.

'나는 물론 몸과 손에 힘이 있다. 그렇다고 내가 그들을 내 옷 속에 넣어 데리고 나오거나 의자나 책상을 이용해 집에서 데리고 나와야 할까?'

더 나아가 이런 생각을 한다.

'이 집은 문이 하나밖에 없는 데다 좁고 낮다. 나의 아들들은 아직 어리고 아무것도 이해하지 못한다. 그들은 놀이터에 완전히 사로잡혀 있다. 어쩌면 그들은 넘어져서 불에 탈지도 모른다. 나는 그들에게 이 무서운 사실을 알도록 환기시켜야 한다. 집은 벌써 타고 있다. 그들이 불에 타서 다치지 않기 위해서는 시간에 맞춰 빨리 집에서 나와야 한다.'

심사숙고 끝에 그는 결심한 대로 아이들을 부른다.

"빨리 나와라!"

비록 아버지가 좋은 말로 깊은 동정심을 가지고 그들에게 이야기하고 경고하지만 매력적인 놀이에 깊이 빠져 즐거워하는 자식들은 그것에 관하여 아무것도 믿지 않고 그 말을 받아들이지 않는다. 그들은 놀라거나 두려워하지 않으며, 나오려고 생각하지도 않는다. 그들은 또한 '불'이 무엇이며 '집'이 무엇인지 알지 못한다. 그리고 아버지가 잃어버릴지도 모른다는 게 뭔지도 모른다. 그들은 오직 노느라 뛰어다니면서 아버지를 바라보지만 그것이 전부다.

그때 장자는 이와 같이 생각한다.

'이 집은 큰불에 타고 있다. 만일 나와 아들들이 즉시 나가지 못하면 어쩔 수 없이 타 죽게 될 것이다. 나는 지금 하나의 방편을 가지고 나의 아들들이 이 재난에서 벗어나도록 해야 한다.'

아버지는 아들들이 어떤 다양하고 값지고 진귀한 물건을 최고의 것으로 여기는지, 그들이 어떤 것을 갖고 싶어 하는지, 그리고 무엇을 기뻐하는지 알고 있기 때문에 그들을 부른다.

"너희들이 무척이나 갖고 싶어 하는 것들은 구하기 힘들고 어렵다. 만일 그것들을 지금 가지지 않는다면 너희들은 나중에 후회할 것이다! 염소와 사슴과 황소가 끄는 다양한 수레가 지금 문밖에 있다. 너희들은 그것들을 가지고 놀 수 있다. 너희들은 이제 빨리 이 불타는 집에서 나와야 한다. 나는 너희들 모두에게 원하는 것을 주고자 한다."

자식들은 아버지가 이야기한 이 귀중한 물건들(수레들)에 대해 듣고는 너무나 좋아하는 것이었기에 서로 밀치면서 다른 아이보다 앞서고자 열심히 용감하게 싸우면서 불타는 집에서 나온다.

그 장자는 모든 자식들이 다치지 않고 나와서 네모난 뜰 마당에 앉아 있는 것을 보고 또 장애가 다 사라진 것을 보았을 때 마음이 고요하고 기쁨이 충만해졌다. 그때 모든 아들들이 아버지에게 말한다.

"아버지, 당신이 우리에게 전에 약속했던 그 아름다운 물건, 곧 염소수레와 사슴수레와 황소수레를 우리에게 주십시오!"

사리불이여! 그러나 그 장자는 모든 아들들에게 완전히 똑같은 큰 수레를 준다. 이 수레는 크고 넓고 수많은 보석으로 장식되어 있고, 그 둘레에는 좌석이 있다. 수레의 사면에는 방울이 달려 있다. 수레 위는 천개(天蓋)와 같은 커튼이 펼쳐져 덮여 있고 그 외에도 진귀하고 다양한 보석으로 치장되어 있다. 수레는 보석줄이 드리워져 있고 아름다운 깔개와 분홍색 베개가 두껍게 덮여 있다. 또한 화환이 넓게 놓여 있고 흰색의 황소들은 출발하기 위해 긴장한다. 소들의 피부색은 아주 맑고(흰색), 호감을 불러일으킨다. 그들의 탄탄한 근육은 강력한 힘을 갖고 있다. 그들의 걸음은 고르며 바람같이 빠르다. 그밖에도 거기에는 그들을 지켜줄 수 있는 많은 하인과 일꾼들이 있다. 그것은 왜 그런가? 이 장자의 보화와 재력은 무한하고 그의 다양한 모든 보고(寶庫)는 오직 보석으로 채워졌다. 그래서 그는 생각하였다.

'나의 재물은 무한하기 때문에 나는 아들들에게 질 낮은 작은 수레를 줄 수 없다. 이 모든 어린 소년들은 나의 아들들이다. 나는 그들을 똑같이 사랑한다. 거기에는 일곱 개의 보석으로 이루어진 커다란 수레가 있다. 그 수는 무한하다. 나는 모두에게 똑같은 마음으로 그 중에 하나를 줄 것이다. 나는 차별하지 않을 것이다. 왜냐하면 비록 내가 이 물건들을 나라 전역에 나누어 준다고 할지라도 그것은 모자라지 않을 터인데, 하물며 나의 아들들에게 더 적게 주겠는가.'

이때 모든 아들들이 하나의 큰 수레에 올라갔다. 그들은 이전에 전혀 가져 보지 못했고 또한 말없이 속으로라도 전혀 기대한 적이 없었던 것을 얻었다.

사리불이여! 자, 너의 생각은 어떠한가? 장자가 자기 아들들에게 아주 똑같은 방법으로 귀중한 보석으로 이루어진 큰 수레를 주었기 때문에 이 장자가 어쨌든 잘못되었고 거짓되었다고 할 수 있겠는가? 아니면 그렇지 않은가?

사리불이 말했다.

"아닙니다. 세존(世尊)이시여! 이 장자는 불의 위험에 처해 있던 그의 아들들을 구해 냈고, 그들의 몸과 생명을 무사히 지켜 주었습니다. 이것은 허위와 거짓말이 아닙니다. 무슨 까닭인가 하면, 다만 그가 아들들의 육체와 생명을 온전히 지켜 주었기 때문에 그들이 아름답고 값진 물건을 얻었던 것입니다. 그는 아들들을 불타는 집으로부터 방편을 가지고 구해 냈습니다. 세존이시여! 비록 이 장자가 아들들에게 가장 작은 수레를 한 번도 준적이 없다고 할지라도 그가 잘못하거나 거짓말을 한 것은 아닙니다. 무슨 까닭이겠습니까? 이 장자는 이런 생각을 갖고 있었습니다. '나는 방편을 가지고 이 아이들을 나오게 할 것이다.' 이러한 동기가 잘못되고 거짓인 것은 아닙니다. 장자가 그의 재물이 무한하다고 의식하면 할수록 더욱더 그는 그의 아들들에게 충분히 선물하기를 원했고, 그래서 모두에게 똑같이 큰 수레를 선물하였던 것입니다."

부처님께서 사리불에게 말했다.

착하고 착하도다! 그것은 네가 말한 그대로다. 사리불이여! 여래 또한 이 장자와 같다. 그는 모든 세상의 아버지다. 그는 오랫동안 자기 혼자의 힘으로 두려움과 곤경과 근심과 현혹됨과 어둠을 극복하였고, 더 이상 그 안에 남아 있는 것이 없다. 그는 무한한 지혜와 힘을 얻었고 공포를 극복했다. 그는 강력하고 초월적인 힘과 지혜의 힘을 지니고 있으며 지혜와 방편의 덕 안에서 완성되었다. 그는 대자대비하여 지칠 줄 모른다. 그는 언제나 선한 일을 하고자 노력하며 모든 중생이 축복을 많이 받도록 지원한다. 또한 그는 스스로 삼계(三界)[17]의 무너져 가는 오래된 불타는 집에서 태어나서 중생들을 생로병사의 불로부터, 근심과 고통으로부터, 어리석음과 어둠으로부터 그리고 삼독(三毒)[18]으로부터 해방시켰다. 여래는 중생들을 가르치고 변화시키면서 그들이 최고의 완전한 깨달음(아눗다라삼먁삼보리)을 얻도록 하였다. 그는 상이한 중생들을 살펴본다. 그들은 태어나고 늙고 병들고 죽는 것(生老病死)을 통하여 근심과 고통 속에서 타 버렸다. 그밖에도 그들은 다섯 가지 욕망(五欲)[19]과 이익 추구를 원인으로 다양한 고통을 경험한다. 그들이 욕망과 그 목표에 집착하므로 현세에서 많은 고통을 경험하는 반면에 후세에는 지옥, 축생, 아귀(餓鬼)의 고통을 만나게 된다. 그러나 만일 그들이 (신들 아래 있는) 천상 또는 인간으로 다시 태어난다 해도, 거기에는 가난과 궁핍의 고통, 사랑하는 사람과 헤어지는 고통, 미워하는 사람과 함께 있는 고통과 같은 다양한 종류의 고통이 있다. 그런 것 속에 빠져서도 중생들은 만족해하고 기뻐하면서 아무것도 배우지 않고, 아무것도 알지도 못하고, 그것에 대해 놀라지도 않고 두려움도 없다. 또한 그들은 그것에 대해 싫증을 내지도 않고 해탈을 구하지도 않는다. 이러한 삼계(三界)의 불타는 집에서 그들은 이리저리 뛰어다닌다. 그리고 비록 그들이 큰 고통을 만난다고 할지라도 그것을 걱정하는 기회로 삼지 않는다.

사리불이여! 만일 붓다가 이것을 본다면 다음과 같이 생각한다.

‘나는 모든 중생들의 아버지이고 그들을 이 고통과 곤경으로부터 해방시키고자 한다. 나는 그들에게 무량하고 무한한 불지혜(佛智慧)의 기쁨을 주며, 그들이 그것을 놀이처럼 즐기게 해 준다.’

사리불이여! 여래는 다시 이렇게 생각한다.

‘만일 내가 오직 신력(神力)과 지혜력(智慧力)만 사용하고 방편을 포기하고 몇몇의 중생들을 위해 오직 여래의 지혜와 힘(力)과 두려움 없음(無畏)만을 찬양한다면, 나는 중생들을 해탈시킬 수 없다.’

왜 그러한가? 이 다양한 중생들은 생로병사의 근심과 고통에서 아직 나오지 못하였다. 오히려 그들은 삼계(三界)의 불타는 집에서 타고 있다. 어떻게 그들이 거기서 붓다의 지혜를 이해해야 하는가?

사리불이여! 비록 저 장자는 몸과 손에 힘을 지니고 있어도 그것을 사용하지 않는다. 그는 오직 방편만을 가지고 아들들을 불타는 집의 위험으로부터 해방시킨다. 그리고 그는 모두에게 귀하고 커다란 수레를 선물한다. 여래도 또한 그와 같다. 여래는 비록 힘을 지니고 있고, 대담함을 가지고 있을지라도 그것을 사용하지 않는다. 다만 지혜와 방편을 가지고 중생들을 삼계(三界)의 불타는 집에서 해방시킨다. 그것을 위하여 여래는 삼승(三乘) 즉 성문승(聲聞乘), 연각승(緣覺乘), 보살승(菩薩乘)을 가르친다. 그리고 그는 중생들에게 이렇게 말한다.

"너희 모두, 삼계의 불타는 집에서 살고자 노력하지 말라! 조잡하고 질 낮은 색깔(色), 소리(聲), 향기(香), 맛(味), 감각적으로 잡을 수 있는 것들(觸)을 탐하지 말라. 왜냐하면 만일 너희가 그것들을 탐하고 그것에 대한 사랑이 생기도록 한다면 너희는 불에 타 버리게 될 것이기 때문이다. 너희는 빨리 삼계를 떠나야 하며, 성문승(聲聞乘), 벽지불승(辟支佛乘)[20], 불승(佛乘)의 삼승(三乘)에 도달해야 한다. 나는 너희에게 여기에 대해 약속한다. 그리고 그 약속은 헛되지 않을 것이다. 너희는 오직 성실하게 수행하고 열심히 정진해야 한다."

여래는 방편을 가지고 중생들을 설득하려고 나아간다. 그밖에도 여래는 중생들에게 이렇게 말한다.

"너희는 삼승(三乘)의 법이 현자(賢者)들에 의해 칭송되고 있다는 것을 알아야 한다. (만일 너희가 그것을 타면) 너희는 자유롭고 독립적이고 무엇인가 다른 것에 의지하려고 힘쓰지 않는다. 만일 너희가 이 세 개의 수레(三乘)를 타게 되면, 너희는 오염됨이 없는 내면의 뿌리(無漏根)와 힘(力), 깨달음(覺), 길(道), 선정(禪定), 해탈(解脫)과 삼매(三昧)로 기뻐하게 될 것이고 무한한 평화와 기쁨을 얻게 될 것이다."

사리불이여! 만일 세존을 따르고, 그 가르침을 듣고, 그것을 믿음으로 받아들이고, 성실히 열심히 정진하여 빨리 삼계를 벗어나고자 하며, 스스로 열반을 추구하는 내적으로 현명한 중생이 있다면, 이들은 소위 성문승(聲聞乘)을 견지한다. 그들은 염소수레를 열망하여 불타는 집에서 나왔던 장자의 자식들과 같다.

그리고 만일 거기에 불세존을 따르며, 그의 가르침을 듣고 믿음으로 받아들이며, 성실히 열심히 정진하여 스스로 지혜를 얻기 위해 노력하고, 자기의 선(Gutheit)으로 열반에 들기를 원하며, 제법의 인연을 깊이 이해하는 중생들이 있다면, 그들은 벽지불승을 따르는 자들이다. 이들은 사슴이 끄는 마차를 원해서 불타는 집을 떠났던 장자의 아들들과 같다.

만일 거기에 불세존을 따르며, 그 가르침을 듣고 믿음으로 받아들이며, 마찬가지로 마음을 다해 열심히 정진하며, 무엇보다도 지혜 - 붓다의 지혜, 스스로 얻은 지혜, 스승 없이 얻은 지혜, 여래의 깨달음 - 와 힘(力)과 두려움(無畏) 없음을 구하며, 무한히 중생을 불쌍히 여겨 평안 속에서 기뻐하며, 신들과 인간들에게 축복의 온정을 주어 모두를 구해 내는 중생들이 있다면, 이들은 소위 대승(大乘)을 소유한 자다. 보살들은 이 대승을 추구하기 때문에 그들을 가리켜 '마하살(摩訶薩, Mahāsattvas)' [21]이라고 부른다. 그들은 황소가 끄는 수레를 열망하여 불타는 집으로부터 나왔던 장자의 아들들과 같다.

사리불이여! 그 장자는 그의 아들들이 평화롭고 침착하게 불타는 집에서 나오도록 한다. 그가 아들들이 더 이상 두려워하지 않을 수 있는 적합한 곳에 있는 것을 보게 되었을 때 자신의 재물이 무량하다고 생각한다. 그래서 그는 아들들에게 똑같이 큰 수레를 준다. 여래도 또한 그와 같다. 그는 모든 중생들의 아버지다. 만일 여래가 수천 수백만의 중생들이 붓다의 가르침의 문을 통하여 삼계(三界)의 고통과 공포의 험한 길을 떠나 열반의 기쁨을 얻는 것을 보면 다음과 같이 생각한다.

'나는 모든 붓다의 법의 보석(法藏)과 무량(無量), 무변(無邊)한 지혜와 힘(力)과 두려움 없음(無畏)을 가지고 있다. 이 다양한 중생들은 모두 나의 자녀들이다. 나는 그들 모두에게 똑같이 대승(大乘)을 주고자 한다. 그러므로 오직 자기의 개인적인 방법으로만 열반에 드는 자가 없고 모두 여래와 같이 멸도(滅度)와 해탈(解脫)을 얻는다. 나는 삼계(三界)에서 나온 모든 사람들에게 모든 붓다의 기쁨과 선정(禪定)과 해탈을 선물한다. 모두가 하나의 모습이고 하나의 양식이다. 찬탄할 지혜가 있고 순수하고 놀라운 최고의 기쁨을 선사할 능력이 있다.'

사리불이여! 그 장자가 먼저 세 종류의 수레를 가지고 그의 아들들을 설득하여 인도하였고, 그 후에 모두에게 완전히 똑같은 보석으로 화려하게 장식된 가장 평화로운 큰 수레를 선물하였던 것 같이, 그렇지만 이 장자가 잘못하거나 거짓말한 것은 전혀 아니었던 것처럼, 여래도 또한 이와 같다. 여래는 잘못하지도 거짓말하지도 않는다. 그는 먼저 삼승(三乘)을 가르쳐서 모든 중생들을 인도한 후에 그들을 오직 대승(大乘)으로써 구제한다. 왜 여래가 그렇게 하겠는가? 여래는 무량(無量)한 지혜와 힘(力)과 두려움 없음(無畏) 그리고 모든 법의 보화를 마음대로 사용할 수 있기 때문에 모든 중생들에게 대승의 법을 줄 수 있는 것이다. 그렇지만 모두가 다

그것을 받아들일 수는 없다. 사리불이여 알아라! 그렇기 때문에 모든 붓다들은 일승 속의 방편의 힘으로 차이를 드러내고 삼승(三乘)을 설한다.

이제 부처님께서 이 뜻을 거듭 펴려고 게송(Gāthās)으로 말했다.

가정하면, 거기에 하나의 유일하게 큰 집을 가진
한 장자(長者, ein Ältester)가 있다.
이 집은 이미 오래되고 낡아서,
기울어져 붕괴될 것처럼 보인다.
방은 높고 위험한 상황에 처해 있다.
기둥뿌리는 쪼개지고 부서졌다.
대들보와 용마루는 완전히 기울었다.
기반과 계단은 붕괴되었고 부서졌다.
담과 벽들은 갈라지고 금이 갔다.
칠은 부스러져 떨어졌다.
천정과 지붕은 밀려서 매달려 있다.
서까래와 평고대는 차례대로 떨어져 나오고
울타리는 구부러지고 부서졌고
여러 가지 오물로 가득하다.
오백 명이 거기에 살고 있다.

이 무너진 오래된 집의 주인이

얼마 전에

잠깐 외출했는데

그때 이 집에서 갑자기 불이 났다.

사방에서 동시에 불꽃이 높이 치솟았고,

용마루, 대들보, 평고대, 기둥들이

폭음 아래 파열하고,

붕괴되고 넘어지고,

담과 벽들은 무너지고,

여러 악령들과 귀신들이

목소리를 높여 크게 소리 지른다.

이 시간에 집주인은

문밖에 있다가

누군가가 말하는 것을 듣는다.

"당신의 모든 자식들이

놀려고 전에

이 집으로 들어갔으며,

그들은 어린 나이와 무지로 인해

즐거워하며 기분이 좋아 놀이에 깊이 빠져 있다."

장자가 이것을 들었을 때,

그는 놀랐고,

자식들을 구하기 위해,

그리고 그들이 불에 해를 입지 않게 하기 위해,

불타는 집으로 들어간다.

그는 아들들에게 말하여

무서운 위험을 일러 준다.

"나쁜 악마와 독이 있는 벌레가 있으며,

불이 번지고 있다.

고통은 고통을 불러 일으켜

끝이 없을 것이다."

자식들은 아직 아무것도 모르기 때문에,

비록 아버지의 경고를 들었음에도 불구하고,

즐거움에 빠져 싸우며

즐겁게 노는 것을 멈추지 않는다.

그러자 장자는

이렇게 생각한다.

'이들과 같은 자식들은

나의 걱정과 근심을 더한다.

이 집은

사람이 즐길 수 있는 그 어느 것도 갖고 있지 않다.

그러나 자식들은,

놀이에 매혹되어 있고,

내 말을 듣지 않으므로

불에 해를 입어야만 한다.'

그는 이런 생각을 하면 할수록

방편을 쓰기로 계획한다.

그는 자식들에게 말한다.

"나는 다양한 종류의

귀중한 장난감들,

즉 염소 떼가 끄는 아름다운 수레와 사슴 떼가 끄는 수레

그리고 황소 떼가 끄는 커다란 수레를 가지고 있다.

그 수레들은 문밖에 있다.

너희들 모두 나오도록 하여라.

나는 너희를 위해

이 수레들을 만들게 했다.

그것이 너희를 즐겁게 해 준다면,

너희는 그것을 가지고 타고 다닐 수 있고 놀 수 있다."

그가 수레에 대해 말하는 것을

들은 자식들은,

즉시 함께 다투며 달려 나온다.

그들은 밖으로 나오자마자,

모든 고통과 위험으로부터 자유롭게 된다.

장자는 자기의 아들들이 불타는 집으로부터 나오게

되었을 때,

그리고 그들이 네 거리에 있는 것을 보게 되자,

사자좌에 앉아

스스로 기뻐서 말한다.

"지금 나는 기쁘다.

이 아들들은 힘들게 태어났고 힘들게 양육되었다.

그들은 어리석고, 작고 무지하여,

위험한 집에 들어갔으며,

거기에는 독벌레가 무수히 많고

그리고 악마들이 끔찍하고,

큰불, 성난 불꽃,

사면이 동시에 붕괴었으나

이 자식들은

욕망에 사로잡혀 놀이를 즐기는 데 정신이 없었다.

지금 나는 그들을 구했고

그들이 위험에서 벗어나도록 하였다.

때문에, 너희 모든 사람들아,

나는 지금 즐겁고 기쁘다.”

아버지가 평화롭게 앉아 있는 것을

자식들이 알게 되었을 때,

그들 모두는 그에게 가서

아버지에게 말한다.

“만일 너희들이 밖으로 나오면,

너희가 원하는

세 개의 수레를 얻을 수 있다고

당신이 전에 약속했듯이,

우리에게 세 개의 다양한 보석장식의 수레를 주십시오.

당신이 그것들을 우리에게 정말로 주고 싶다면,

지금이 바로 그 시간입니다!”

장자는 굉장한 부자이기 때문에,

그의 보석창고(寶庫)는 대단히 많다.

그는 금, 은, 청금석,

빙장석(Mondsteine)과 마노(Achate)를 소유하고 있다.

이 모든 보석들로부터

그는 큰 수레들을 만들었고,

화려한 장식으로 치장하였으며,

둘레에는 난간좌석을 만들고,

사면에는 방울을 달고,

황금노끈으로 붙잡아 매었고

진주그물로

그 위를 씌웠다.

금꽃의 화환들이

어디에나 늘어져 있다.

다양한 색깔의 서로 다른 장식물이

전체를 둘러싸고 있다.

부드러운 비단으로

베개를 만들었다.

가장 아름답고 부드러운 펠트는

천억이나 값이 나가고,

눈 같은 백색으로

그 위를 덮었다.

크고 흰 황소들이 거기에 서 있는데,

강하게 키워졌고, 뛰어난 동물이고 힘이 세며,

그들의 체격은 좋아 보이고,

보석 수레들 앞에 매여 있다.

이들을 기다리고 지키는

호송인들도 많다.

이들 굉장한 수레들은

모두가 동일하며 모든 아들들을 위한 선물이다.

이제 아들들은

모두 기뻐하며 감격해 한다.

그들은 보석 수레에 오르고

그리고 사방으로 달린다.

그들은 놀이에 마음을 빼앗겼고

그들이 원하는 대로 방해 없이 그것을 추진한다.

나는 너에게 말한다, 사리불이여!

내가 이 사람과 같다.

모든 현인들 중에서 가장 존경 받는,

나는 세상의 아버지이며,

모든 중생들은

나의 자녀들이다.

세간적인 향락에 깊이 빠져

그들은 지혜의 마음을 가지고 있지 않다.

세 가지 세상(三界)[22)]은 평화롭지 못하나,

그러나 불타는 집과 비교할 수 있다.

세상은 수많은 고통으로 가득하며

그리고 가장 끔찍하다.

태어남의 곤경과 늙음,

병듦과 죽음의 고난들이

끝없이 있으며,

그와 같은 불이

타는 것이 멈춰지지 않는다.

여래는 이미

세상의 불타는 집으로부터 자유롭다.

그는 고요하고 태연하게 은거하여 살고 있으며

평화로이 숲과 들판에 머무른다.

이제 삼계(三界)가

나의 소유지다.

그리고 거기에 존재하는 중생들은

모두 나의 자녀들이다.

그러나 지금 이곳에는

갖가지 곤경과 궁핍이 수없이 많다.

그리고 오직 나 혼자만이

중생들을 구하고 보호할 수 있다.

하지만, 비록 내가 그들을 가르치고 경고했음에도 불구하고,

그들은 아무것도 믿지 않았다.

왜냐하면 그들은 그들의 욕망에 잠겨 있고,

이것들에 깊이 사로잡혀 있기 때문에,

나는 그들을 위하여 방편을 가지고

삼승(三乘)을 가르쳤다.

나는 다양한 중생들에게

삼계(三界)의 고통을 의식하게 만들었다.

세상으로부터 나오는 길을

나는 열어주고 보여주고 설명하고 그리고 설한다.

만일 이 아들들 모두가

마음에 굳게 결심한다면,

그들은 세 가지 통찰(三明)²³⁾과

여섯 가지 신통력(六神通)²⁴⁾ 안에서 완전해질 것이다.

그리고 그들은 성문승이 되거나

또는 더 이상 뒤로 물러서지 않는 보살이 될 것이다.

사리불이여!

중생들 때문에

나는 이 비유를 가지고

일불승(一佛乘)을 가르친다.

만일 너희가 이 말들을 믿음으로 받아들일

능력이 있다면,

그러면 너희 모두는 불도(佛道)를 이룰 것이다.

이 일불승은 섬세하고 경이롭고,

깨끗하고 흠이 없으며 유일무이하다.

다양한 세계 안에

진실로 그보다 더 높은 것은 없다.

그것은 붓다가 기뻐하는 것이고,

그리고 모든 중생들이

그것을 찬탄하고, 공경하고, 경배한다.

무량 억 천의

온갖 힘과 해탈,

선정(禪定)과 지혜가 있으며,

또한 붓다의 다른 가르침들도 있다.

나는 그러한 수레(一佛乘)를 얻도록 고무한다.

그리고 나는 모든 아들들이

세상의 수많은 밤과 낮에,

그 수레(一佛乘) 타는 즐거움을 끝없이 누린다.

모든 보살들과

여러 성문들이

이 보석 수레를 타고

바로 깨달음의 자리에 도착한다.

이런 까닭에

비록 시방(十方)에서 깨달음의 자리를

찾는다 해도

붓다의 방편을 제외하고는

어떤 다른 수레도 없다.

나는 너에게 말한다, 사리불이여!

너희 모든 사람들이

나의 아들들이며,

나는 아버지다.

세상의 시간 동안

갖가지 고통 속에서 타고 있는 너희

모두를 내가 구하였으며,

그래서 너희는 삼계를 떠날 수 있었다.

비록 내가 전에

멸도(열반)를 가르쳤을지라도,

너희는 정녕 생사(生死 Samsāra)를 다해 애썼지만

아직 진리에 (참된 열반에는) 들어가지 못하였다.

너희가 지금 얻어야 할 것은,

오직 붓다의 지혜뿐이다.

붓다 석가모니는 '중생들의 아버지'로서 최고의 완전한 깨달음의 절정에서 내려와
빛 없이 방황하는 자들에게 자비를 드러낸다.

잃어버린 아들의 비유

붓다 석가모니가 '불타는 집'의 비유를 이야기한 뒤에 제4장 「믿음을 통한 깨달음」(信解品)에서 붓다의 열 명의 큰 제자들[25] 중 네 명이 기쁜 마음으로 붓다에게 귀의하게 되었다. 모든 아들이 똑같이 황소 떼가 끄는 화려한 보석수레를 얻게 된다는 '불타는 집'의 비유에 따르면 성불(成佛, Buddhaschaft)의 보석이 지금까지와는 달리 소승의 성문(聲聞)들이었던 그들에게도 허락되었기 때문이다. '잃어버린 아들의 비유'에서 제자들은 그들의 느낌을 마하가섭(Mahā-Kaśyapa)을 통해 게송으로 기술한다. 그러므로 '잃어버린 아들의 비유'는 붓다 석가모니가 아닌 네 명의 제자들이 이야기한다.

그리스도교 독자들은 법화경(Lotos-Sūtra)에도 '잃어버린 아들'의 비유가 있다는 것을 듣고 분명히 놀랄 것이다. 실제로 그것은 루카복음(루카 15, 11~32)에 나오는 유명한 비유를 상기시킨다. 하인츠 크루제(Heinz Kruse)[26]의 연구에 의하면 법화경에 있는 이 비유는 성경의 비유에 영향을 받은 것이라고 한다. 물론 나카무라(H. Nakamura)의 주장처럼 법화경이 그리스도의 탄생 후 100에서 200년 사이에 비로소 쓰여 졌다는 주장은 여전히 하나의 의문이다. 그러나 두 개의 비유가 보여주는 줄거리는 간과할 수 없는 유사성을 가지고 있다.

법화경의 비유를 살펴보자.

한 젊은 아들이 아버지를 떠나 낯선 곳에서 오랫동안 사는 데 거의 50년이 지나는 사이에 깊은 곤경에 빠진다. 그는 걸어서 여행을 하며 고향으로 돌아온다. 아버지는 그 사이에 다른 도시로 가 산다. 그는 대단한 부자다. 그는 보석이 가득한 보고(寶庫)들을 소유하고 있으며, 많은 일꾼들과 하인들 그리고 수많은 가축 떼를 가지고 있다. 그러나 아들에 대한 그리움은 해소되지 않는다. 아버지는 늙었고 상속자를 그리워한다. 아버지의 그리움이 아들을 돌아오게 하였는가? 그 가난한 아들이 우연히 아버지의 집에 왔을 때, 아버지는 그를 즉시 알아보지만 아들은 엄청난 재물에 둘러싸여 있는 아버지를 알아보지 못한다. 무한한 간격이 그 둘을 갈라놓는다. 두려움에 아버지를 알아보지 못한 아들은 급히 돌아간다. 아버지는 그를 데려오기 위해 그에게 전령들을 보낸다. 그러나 그들은 아무것도 할 수 없다. 감옥에 갇히지 않을까 하는 두려움에 아들은 기절해 버린다. 아버지는 아들을 놓아주도록 명령하고, 아들을 얻기 위해 방편을 생각해 낸다. 그는 스스로 아들의 입장이 되어 본다. 그리고 하층사람들을 그에게 보내 오물을 치우는 일을 하는 데 고용한다. 아들은 이 일을 받아들인다. 이것은 아버지가 아들을 데려오기 위한 첫 번째 단계이자 아버지에게로 오는 아들의 첫 걸음이다. 아버지는 아들이 고통 속에서 일하는 모습을 보자 아들에게 더 가까이 가기 위해, 그리고 그의 신뢰를 얻기 위해 스스로 '하인의 모습'[27]을 한다.

"그는 진주목걸이와 부드러운 겉옷과 모든 장식품들을 내려놓고 찢어지고 더러운 거친 천의 옷을 입는다. 그리고 먼지를 바르고 오른손에는 쓰레받기를 들고 무엇인가 무서워하는 모습을 한다."(제4장)

그는 누군가 항상 곁에 있어야 하며 그런 자를 아들로 삼고 싶다고 이야기한다. 아버지에 대한 아들의 신뢰가 점점 커진다. 하지만 그는 아직 20년간 더러운 것을 치워야 한다. 아버지가 병이 났을 때, 그는 아들에게 그의 보고(寶庫)를 알게 한다.

"이제 너와 나 사이에는 더 이상 신분의 차이가 없기 때문이다."

아버지는 자신의 죽음이 가까웠다는 것을 느끼자 친척들과 왕과 장관들과 전사들과 시민들에게 공표한다.

"여기 이 사람은 내가 낳은 나의 아들입니다… 지금 내가 가지고 있는 모든 소유물은 나의 아들의 것입니다."

아들은 그것에 대해 매우 기뻐하면서 (비유의) 마지막에는 보물의 소유를 자신의 행운으로 찬탄하는 바, 그것은 바로 자신의 아들 됨(Sohnschaft)이 핵심임을 의미한다.

  '불타는 집'의 비유에서처럼 '잃어버린 아들'의 비유에서도 두 개의 층, 즉 실존적 층과 대승과 소승이라는 긴장의 층이 드러난다. 내가 보기에 실존적 층은 이런 것이다. 잃어버린 아들은 고통의 세상에서 무지와 불행 속에서 이리저리 방황하는 인류를 묘사한다. 붓다 석가모니는 '중생들의 아버지'로서 최고의 완전한 깨달음(아눗다라삼먁삼보리)의 절정에서 내려와 빛 없이 방황하는 자들에게 자비를 드러낸다. 그러나 이들은 붓다를 전혀 인식하지 못한다. 하지만 붓다는 이들을 얻고 싶어 자기에게로 인도한다. 그는 '하인의 모습'을 취한다. 방편을 써 그의 가르침을 사람들에게 맞춘 것이다. 그리하여 그는 점점 그들에게 신뢰와 믿음(śraddhā)을 줄 수 있게 되며, 그는 그들로 하여금 단계적으로 자신들의 불성을 깨달아 구원에 이르게 하는 데, 그것이 곧 제4장의 제목처럼 「믿음을 통한 깨달음」(信解品)으로의 인도를 말한다.

클라우디아 레넬(Claudia Lenel)은 다음과 같이 쓰고 있다.

"불성(佛性, Buddhaheit)은 모든 중생들 중에 '참 자아'로서 활동한다. 불성의 실제는 발견되어야 하고 개진되어야 한다. 이 개진은 진리 안으로의 탄생과 비슷하다. 깨달음은 바로 이러한 발견을 의미한다."[28]

잃어버린 아들은 보화―참 자아(das wahre Selbst), 아들됨(die Sohnschaft), 붓다됨(die Buddhaschaft)―를 얻게 되어 매우 행복하다.

비유의 두 번째 층은 소승(Hīnayāna)과 대승(Mahāyāna)의 긴장이다. 고승들, 붓다의 유명한 소승의 제자들, 스님들은 이 비유를 이야기하며 자신을 '잃어버린 아들'이라고 여긴다. 붓다는 부자 아버지다. 제자들은 오랫동안 고행을 하였고, 성문(聲聞)으로서 이미 열반(Nirvana)에 들었다고 생각하였다. '오랫동안 괴롭히고 소진되어서' 그들은 더 이상 대승의 보살도를 얻으려 노력하지 않았다. 그러나 이제 지금까지 성문이었던 제자들에게 붓다는 최고의 완전한 깨달음을 전한다. 그들은 소승 안에서 붓다 석가모니와 점진적인 결속을 다진 지 여러 해 뒤에, 그리고 고행을 통한 자력(自力)으로 '오물을 제거'한 지 여러 해 동안에 '더 이상 신분의 차별이 없어지고', 붓다에 대한 믿음 안에서 보고(寶庫)의 상속인, 다시 말해 성불(Buddhaschaft)의 상속인으로서 참다운 불자(佛子)가 되는 단계에 이르렀다. 그들은 기쁨에 겨워 말한다.

"비록 우리가 결코 마음속에 기대하지 않았을지라도, 지금 법왕의 커다란 보석이 스스로 우리에게 왔다. 붓다의 아들들이 얻어야 했던 것을 우리는 지금 얻는다."(제4장)

혜명수보리와 마하가전연, 마하가섭과 마하목건련이 붓다로부터 일찍이 없었던 법을 들었던 그 시간에, 그리고 세존이 사리불에게 최고의 완전한 깨달음(아눗다라삼먁삼보리)의 예언을 주었던 그 시간에, 그들은 무언가 진기한 느낌을 가지게 되었고 그 기쁨에 흥분하였다. 그들은 자리에서 일어나 옷을 바로 하였고, 오른쪽 어깨를 겸손히 드러냈으며, 오른쪽 무릎을 꿇었다. 그리고 정성껏 합장하며 몸을 굽혀 붓다에게 공손히 표했다. 그런 뒤에 그들은 신성한 얼굴을 우러러보며 붓다에게 말씀 드렸다.

"교단의 우두머리인 우리들은 노쇠하였습니다. 우리는 이미 열반에 들었으므로 더 이상 추구할 게 없다고 생각하였습니다. 그래서 우리는 또한 더 이상 최고의 완전한 깨달음을 얻기 위해 노력하지 않았습니다. 세존께서는 벌써 오랜 시간 동안 내내 법을 설하고 있었습니다. 우리는 자리에 앉아 있는 동안 몸이 피곤해졌고 관심이 없어졌습니다. 우리는 오직 공(空, die Leere)과 무상(無相, die Gestaltlosigkeit)과 무작(無作, das Nicht-Handeln)을 명상하였습니다. 그러나 우리의 마음은 보살들이 법의 신통력으로 변화되고, 불국토(佛國土)가 정화되고, 그리고 중생들이 완전하게 된 것에 마음으로 기뻐하지 않았습니다. 무슨 까닭인가 하오면 세존이시여, 당신은 우리가 삼계(三界)를 떠나게 했고, 열반의 깨달음을 얻게 하셨습니다. 우리는 이제 이미 늙고 소진하여, 붓다께서 보살들에게 가르쳤으며 그들을 인도한 최고의 완전한 깨달음 때문에 우리 마음에 기쁨이 있으리라는 생각을 전혀 하지 않았습니다. 하지만 지금 우리가 붓다와 함께 있으면서 붓다께서 성문들에게도 최고의 완전한 깨달음의 예언을 주셨다는 것을 들었을 때, 우리는 참으로 기쁘게도 아직 갖지 못했던 무언가를 얻게 되었습니다. 이제까지 그런 것은 생각조차 못했는데 지금 갑자기 귀중한 법을 듣게 된 것입니다. 우리는 너무나 행복에 겨워 축복된 귀의를 생각하게 되었습니다. 우리는 우리의 노력 없이 무량한 값진 보석을 얻었습니다. 세존이여! 이제 우리는 기꺼이 비유 하나를 이야기하고 싶습니다. 그리고 그 의미를 밝히고 싶습니다.

그것은 아버지로부터 도망쳐 나온 젊은 청년에 관한 것입니다. 그는 10년, 20년, 50년이 되도록 오랫동안 다른 나라에서 살았습니다. 그는 이제 나이가 들어 점점 곤궁 속으로 빠집니다. 그는 옷과 음식을 마련하기 위해 사방을 돌아다닙니다. 그는 점점 멀리 여행하다가 갑자기 그의 고향에 돌아왔습니다. 처음부터 아들을 찾았던 그의 아버지는 그를 발견하지 못하였습니다. 그동안 아버지는 어떤 도시에서 살았습니다. 그는 권력이 있었고 부자였습니다. 그의 재산과 보화 즉 금과 은, 청금석, 산호와 호박, 수정과 다른 보석들이 무한히 많았습니다. 그리하여 그의 보석창고는 넘쳐 났습니다. 그는 많은 젊은 종들과 봉신(봉토를 경작하는 사람)과 하인들이 있었습니다. 코끼리와 말, 수레, 소와 양들이 무수했습니다. 상거래와 투자대상이 다른 나라에까지 이르렀습니다. 그의 상인들과 고

객들은 무척 많았습니다. 이때 가난한 아들은 여러 마을들을 떠돌았고, 나라들과 도시들을 지나, 마침내 그의 아버지가 사는 도시에 도착했습니다. 아버지는 항상 아들을 생각했습니다. 그러나 비록 아들과 50년 이상 떨어져 지냈지만 그는 이 일에 대하여 결코 어느 누구에게도 말하지 않았습니다. 그는 오직 혼자서만 생각했고 마음속으로 유감스러워 했습니다. 그는 스스로 생각합니다.

'나는 노쇠하고 내 재산은 많다. 그러나 비록 금과 은, 진주와 보석들이 나의 보석창고에 넘칠지라도, 나는 아들이 없다. 만약 내가 어느 날 죽는다면, 나의 재산은 흩어져 잃어버리게 될 것이다. 그때 내가 재산을 넘겨줄 수 있는 자가 아무도 없다.'

그래서 그는 매번 근심하며 아들을 생각합니다. 그는 그 생각으로부터 벗어나지 못합니다.

'만약 내게 오직 아들이 있어서 그에게 나의 재산을 양도할 수 있다면, 나는 너무 기뻐서 더 이상 근심이 없을 텐데.'

세존이시여! 그 사이에 여기저기서 고용살이를 하던 가난한 아들이 갑자기 아버지의 집에 도착했습니다. 그가 문에 섰을 때 멀리 있는 그의 아버지를 봅니다. 아버지는 발을 값비싼 발판 위에 올려놓고 사자좌에 앉아 정중함 속에서 브라만들과 무사들과 사람들에게 둘러싸여 있습니다. 천만 냥의 가치를 지닌 진주목걸이가 그의 몸을 멋지게 장식하고 있습니다. 종들과 젊은 노예들이 거기에 있습니다. 그들은 손에 (야크의 꼬리로 만든) 흰 깃털 채를 들고, 그의 오른쪽과 왼쪽에서 시중듭니다. 여러 가지 꽃 깃발이 드리워진 값비싼 천개(天蓋, Baldachin)가 그를 덮습니다. 종들은 땅에 향수를 뿌리고 아주 다양한 이름의 꽃들을 흩어 놓습니다. 그리고 값진 물건들을 한 줄로 정렬시켜 놓습니다. 아들은 일부는 수용하고 일부는 물리칩니다. 그는 그런 찬란한 보물에 휩싸여 장엄한 덕을 드러내며 존경을 받습니다. 가난한 아들이 그의 아버지의 큰 힘과 권력을 보았을 때 공포가 그를 사로잡습니다. 그는 여기에 온 것을 후회합니다. 그는 남몰래 혼자 생각합니다.

'이 사람은 왕이거나 왕과 비슷한 사람일 것이다. 내가 고용될 수 있고 나의 일을 위하여 어떤 벌이를 할 수 있는 곳이 아니다. 나는 내 능력에 걸맞고 간단히 음식과 옷을 얻을 수 있는 단순한 자리를 구하고자 한다. 만일 내가 여기에 더 오래 머문다면, 아마도 강제로 고용될 것이고 여기서 일하도록 강요받을 것이다.'

그는 이렇게 생각이 들자 서둘러 자리를 빠져 나갔습니다. 하지만 사자좌 위의 부유한 장자(長者)는 벌써 자신의 아들을 보았으며, 즉시 그를 알아보았습니다. 그는 크게 기뻐하며 이렇게 생각합니다.

'나의 소유물과 보석창고를 넘겨주고자 하는 사람이 지금 여기에 있다. 비록 내가 항상 아들을 생각했을지라도 그를 보게 될 가능성은 없었다. 지금 그가 스스로 갑자기 왔으며, 내가 그렇게도 원했던 것이 이루어졌다. 비록 내가 이미 늙었지만, 나는 그를 몹시 그리워한다.'

그는 아들을 뒤쫓아 가 데려오게 하기 위해 즉시 곁에 있던 사람을 보냅니다. 때문에 사자(使者)들은 서둘러 떠났고 그를 잡습니다. 가난한 아들은 놀라고, 심히 두려워합니다. 그는 고통을 탄식하며 소리 내어 웁니다.

'나는 당신들에게 아무 잘못도 하지 않았습니다. 왜 내가 잡혀 가야 합니까?'

그 때문에 사자들은 그를 잡으려 더욱 더 서두릅니다. 그리고 그들은 그를 억지로 데리고 옵니다. 그러자 가난한 아들은 비록 자신이 죄를 짓지 않았을지라도 감옥에 가게 될 것이며, 분명히 죽게 될 것이라고 생각합니다. 그러자 그는 더욱 두려워졌습니다. 그는 창백해지면서 땅에 쓰러졌습니다. 아버지가 이것을 먼 곳에서 보고 사자들에게 말했습니다.

"우리에게 이 남자가 꼭 필요한 것은 아니다. 그를 억지로 이곳에 데려오지 마라! 그의 의식이 다시 돌아오도록 그의 얼굴에 물을 뿌려라. 그리고 더 이상 그와 말하지 마라!"

왜 그렇습니까? 아버지는 아들의 영혼의 상태가 나쁘다는 것을 알고 있습니다. 그리고 그는 자기의 높고 부유한 위치가 누군가에게는 고통스러운 상황이 될 것이라는 것을 알고 있습니다. 비록 이제 그 사람이 자기 아들이라는 것을 분명히 알고 있다고 할지라도, 그를 다른 사람들에게 말할 때는 방편상 자신의 아들이라고 말하지 않습니다. 사자가 아들에게 말합니다.

“나는 너를 놓아준다. 너는 네가 가고 싶은 곳으로 갈 수 있다.”

가난한 아들은 그에게 기대하지 않았던 일이 일어난 것에 대해 너무 기뻐합니다. 그는 땅에서 일어나 음식과 의복을 얻기 위하여 궁색한 일터로 갑니다. 이제 장자는 지혜로운 계획(방편)을 생각해 냅니다. 그는 초라한 모습과 외모, 위엄 있는 덕을 갖추지 않은 두 사람을 남몰래 아들에게 보냅니다.

“너희는 그 일터로 가서 그 가난한 남자에게 ‘여기에 너에게 두 배로 많은 급료를 주는 일자리가 있다’고 친절하게 말하라. 만약 가난한 남자가 허락하면, 그때 그를 여기로 데리고 와라. 만약 그가 일하기 위해 왔다면, 그에게 일자리를 주어라. 만약 그가 어떤 일을 해야 하는지 묻거든, 너희는 그에게 이렇게 말할 수 있다. 우리는 오물(糞, Schmutz) 더미를 치우기 위해 너를 모집한다. 그리고 우리 둘도 너와 함께 일한다.”

그 뒤 두 명의 사자가 가난한 아들을 찾기 위해 갔습니다. 그리고 그들은 그를 찾자마자 그에게 자세히 위의 일을 일러 주었습니다. 그러자 가난한 아들은 급료를 먼저 받았기 때문에 그들과 함께 오물 더미를 치우기 시작합니다. 아버지가 그러한 그의 아들을 보았을 때, 크게 동정하며 놀라워합니다. 다른 날에 그는 먼 곳에서 창문을 통해 아들의 모습을 봅니다. 그는 수척하고 마르고 수심에 차 있고, 오물이 가득하며, 오물과 먼지 더미로 인해 더러웠습니다. 그러자 그는 자신의 진주목걸이와 부드러운 옷과 모든 장식물들을 벗습니다. 그리고 거칠고 찢어지고 더러운 옷을 입고, 먼지를 바르고, 오른손에는 쓰레받기를 들고 무언가 겁먹은 것처럼 보이게 합니다. 그는 여러 일꾼들에게 말합니다.

"게으르지 말고 열심히 일하라!"

그는 방편을 써서 그의 아들에게 가까이 갑니다. 그는 아들에게 말을 걸자마자 말합니다.

"사랑스러운 남자야, 너는 여기서 계속 일하라. 그리고 다른 곳으로 다시는 가지 말아라! 나는 너의 품삯을 더 좋게 할 것이다. 네가 필요한 것들, 즉 그릇들, 연장들, 쌀, 밀가루, 소금, 식초와 같은 것들로 인해 너는 걱정할 필요가 없고 두려움을 가질 필요가 없다. 또한 거기에 아직 아주 오래된 하인이 있는데 만약 네가 그를 필요로 한다면 우리는 그를 너에게 줄 것이다. 편안한 마음을 가져라! 나는 너의 아버지와 같다. 근심과 걱정을 놓아버려라! 왜 그러한가? 나는 늙었으나 너는 젊고 힘이 있기 때문이다.너는 여기서 항상 일했고, 결코 남을 속이지 않았다. 그리고 또한 너는 성내지도 않았고, 원망하거나 악의가 있는 말을 하지도 않았다. 나는 네가 다른 일꾼들처럼 나쁜 성질을 갖고 있는 것을 보지 못했다. 지금부터 너는 내가 낳은 아들처럼 있어야 한다."

그 뒤에 장자는 그에게 이름을 줍니다. 그리고 그는 이 이름을 통하여 그를 아들로 삼습니다. 가난한 아들은 이러한 대우에 대해 기뻐했지만 자신을 여전히 한 낯선 일꾼에 불과한 곤궁한 사람으로 생각하고 있습니다. 그래서 그는 계속하여 20년 동안 지속적으로 오물을 치워야 했습니다. 이 시간이 지나자 그들은 서로 믿게 되었습니다. 그리고 아들은 격의 없이 아버지 집을 출입합니다. 하지만 그의 숙소는 여전히 옛 거처입니다.

세존이시여! 그때 장자는 병이 들었습니다. 그는 오래지 않아 죽을 것임을 알았기 때문에 그의 가난한 아들에게 말합니다.

"나는 지금 금과 은, 진주와 보석들을 아주 많이 소유하고 있다. 너는 이제 그것의 개수와 어떤 것을 취하고 어떤 것을 주어야 하는지 정확히 알아야 한다. 그것이 나의 뜻이다. 너는 나의 의도를 이해해야 한다. 왜 그러한가? 너와 나 사이에는 더 이상 신분의 차별이 없기 때문이다. 아무것도 잃어버리지 않게 주의하도록 하여라."

그때 가난한 아들은 그의 지시와 사명을 받아들입니다. 그는 갖가지 금과 은, 진주와 보석 그리고 보석창고를 알아 둡니다. 그러나 그는 한 끼 식사를 할 수 있게 되었다는 것을 상상할 수 없었습니다. 그의 숙소는 아직도 여전히 옛날 거처입니다. 또한 그는 자신의 가난한 마음을 아직도 버릴 수 없었습니다. 얼마 후에 아버지는 아들을 부릅니다. 아들이 아버지의 뜻 안에서 완전해지고 있으며, 아들 스스로 예전의 사고방식이 옳지 않다는 것을 알아차리게 된 무렵입니다. 게다가 아버지도 죽을 때가 다가온다는 사실을 알고 있었습니다. 하여 아버지는 아들과 함께 친척과 왕, 장관, 무사들과 시민들을 모아 놓고 말합니다.

"여러분은 압니다! 여기 이 사람은 내가 낳은 나의 아들입니다. 그가 나를 떠나 다른 어떤 도시로 가서 고독과 고난을 참아 낸 지 50년이 넘었습니다. 그의 전에 이름은 이러하였고 또 나의 전에 이름은 저러하였습니다. 당시 옛 도시에서 나는 크나큰 걱정을 하면서 그를 찾아다녔습니다. 그런데 갑자기 그를 여기에서 만났고, 그를 다시 얻게 되었습니다. 진실로 그는 나의 아들이고, 나는 그의 아버지입니다. 지금 내가 가지고 있는 모든 소유물들은 나의 아들의 것입니다. 내가 지금까지 해 왔던 모든 것에 대해 나의 아들도 알고 있습니다."

세존이시여! 가난한 아들이 그의 아버지의 말을 들었을 때 그는 지금까지 없었던 것을 얻었다며 크게 기뻐하였습니다. 그는 이렇게 생각하였습니다.

'나는 마음속으로 결코 기대하지 않았다. 이 값비싼 보석이 마치 저절로 굴러 들어온 것 같다!'

세존이시여! 부자인 장자는 여래이고 우리들은 모두 붓다의 아들들과 같습니다. 여래는 우리를 항상 아들이라고 부릅니다. 세존이시여! 세 가지 고통[29] 때문에 우리는 생사의 한 가운데서 여러 곤경들을 경험하였고, 잘못과 무지로 인해 작은 법에 집착하였습니다. 이제 오늘 세존께서 우리를 깊이 생각하게 하셨고, 모든 존재 요소들에 있어서 산만한 논쟁들의 오물을 제거하게 하셨습니다. 우리는 그 속에서 부지런히 정진하여 열반에 이르렀습니다. 그러나 우리들은 오직 하루의 품삯만을 받았습니다. 우리가 그것을 얻었을 때, 진심으로 크게 기뻐하였고 만족해 하였습니다. 우리는 서로에게 말했습니다.

"우리가 불법(佛法) 안에서 부지런히 정진했기 때문에, 그렇게 충분히 보답을 받았다."

그러나 세존은 이전에 우리의 마음이 천박한 욕망들에 사로잡혀 있었다는 것과 작은 법에 기뻐했다는 사실을 알고 있었지만, 그것을 허용했고 우리를 위해 작은 법과 큰 법을 구분하지 않았습니다. 그리고 이렇게 말씀하셨습니다.

"너희는 여래의 지혜와 소중한 바구니(寶藏, der kostbare Korb)에 대한 깨달음을 알아야 한다."

세존은 방편의 힘으로 여래의 지혜를 가르치셨습니다. 우리가 (성문의 제자로서) 붓다를 따랐을 때, 우리는 오직 단 하루의 품삯만으로 열반을 얻었습니다. 하지만 우리는 크나큰 품삯을 받았다고 믿고, 대승을 구할 것을 결심하지 않았습니다. 비록 지혜에 의지하는 여래가 보살들을 위하여 법을 열었고, 보여 주었고, 해설하였고, 설했을지라도 우리는 결코 그 것을 갈망하지 않았습니다. 무슨 까닭이겠습니까? 우리가 진심으로 작은 법을 기뻐했다는 것을 알았던 붓다는 우리에게 뜻을 두고 방편으로 가르쳤습니다. 그러나 우리는 우리가 붓다의 아들이라는 것을 알지 못했습니다. 지금 방금 전에서야 우리는 그것을 경험했습니다. 세존은 불지혜와 관련하여 결코 편협하지 않습니다. 왜 그렇습니까? 비록 우리가 예로부터 붓다의 아들이었음에도 불구하고, 우리는 오직 작은 법에만 기뻐하였습니다. 만약 우리가 대승에 대해 기뻐하였다면 붓다는 우리를 위하여 대승의 법을 설하였을 것입니다. 이 경전에서 그는 오직 하나의 유일한 수레(乘, Fahrzeug)를 가르칩니다. 비록 붓다가 이미 보살들 앞에서 이전에 작은 법을 기뻐하였던 성문들을 비판했었음에도 불구하고, 붓다는 사실 그들을 대승으로 가르치고 변화시킵니다. 이러한 이유에서 우리는 비록 우리가 마음속으로 결코 기대하지 않았음에도 불구하고 지금 법왕의 커다란 보석이 스스로 우리에게 왔다는 것을 말합니다. 붓다의 아들들이 도달해야 하는 그것을 우리는 지금 얻었습니다.

그때 마하가섭(摩訶迦葉)이 이 뜻을 거듭 펴려고 게송으로 말했다.

우리는 이 날에
붓다의 음성과 가르침을 듣고,

우리가 아직 전혀 경험하지 못한 것을 얻은 것에 대해

모두 기뻐하며 열광한다.

붓다는 우리 성문들(聲聞, Śrāvakas)도

붓다가 될 것이라고 한다.

비교할 수 없는 그의 보석 소장품들을

구하지 않았어도 우리가 그것을 얻었다.

그것은 아직 미성숙하고 무지한 젊은이가

아버지를 떠나 멀리 도망간 것과 같다.

그는 먼 곳에 있는 다른 나라로 간다.

그가 여러 나라들을 돌아다닌 지

50년이 넘었다.

아버지는 심히 걱정하고, 그를 생각하며

사방으로 찾는다.

그는 아들을 찾는 일에 지치자

어느 한 도시에 머무른다.

그는 집을 짓고

삶의 다섯 가지 기쁨(욕망)을 누린다(재물, 음식, 성, 명예, 수면).

그의 집은 대단히 부유하고,

금과 은,

빙장석과 마노,

진주와 청금석이 다양하다.

코끼리와 말, 황소와 양,

천개(天蓋), 가마와 수레,

농부들, 젊은 하인들

그리고 사람들이 그곳에 많다.

그의 수입과 투자대상들이

타국에까지 미친다.

그의 상인들과 행상들을

도처에서 발견할 수 있다.

수천억 대중이

그를 둘러싸고 공경한다.

그는 항상 임금에게

커다란 호감과 인정을 받는다.

모든 군신들과 호족들은

그를 존경한다.

이런 까닭에

방문하는 사람들이 많다.

그래서 그의 부(富)는 빛나고

그의 영향력은 크다.

그러나 그는 늙었고

아들에 대해 점점 더 많이 걱정하며 생각한다.

아침과 저녁으로 그는 심사숙고한다.

'나의 죽음의 시간이 다가온다.

나의 어리석은 아들이 나를 떠난 지

50년이 지난다.

나의 보고(寶庫)의 모든 물건들…

내가 그것을 가지고 무엇을 해야 하는가?'

그때 가난한 아들은

옷과 음식을 구한다.

그는 도시에서 도시로,

나라에서 나라로 떠돈다.

때로는 그가 무언가를 얻고,

때로는 아무것도 얻지 못한다.

배고프고, 약하고 여윈

그는 몸에는 비루와 생채기가 났다.

그는 천천히 나아가

아버지가 사는 도시에 다다른다.

번갈아 품팔이하다가

마침내 그는 아버지의 집으로 돌아온다.

그때 장자(長者)는

그의 대문 안에

커다란 보석 커튼을 달았다.

그리고 그는 사자좌에 앉는다.

그는 수행원들에게 둘러싸여 있으며

모든 사람들은 그를 기다렸고 그를 주목한다.

몇 명은

금과 은과 값비싼 물건들을 세고,

다른 이들은 들어오고 나가는 재산을 세고,

적고 그리고 차용증들을 제시한다.

가난한 아들은 그의 아버지가

그렇게 높이 존경 받고 치장하고 있는 것을 본다.

그는 이 사람은 왕이거나

또는 왕과 비슷한 사람이어야 한다고 생각한다.

그리고 놀라고 두려워하면서

자신이 왜 이곳에 왔는지 스스로 놀랐다.

그는 생각한다.

'만일 내가 이곳에 오래 머무른다면,

나는 곤란한 입장에 빠지게 되고

일을 하도록 강요받을 것이다.'

이것을 생각했을 때,

그는 아주 황급히 그곳에서 나온다.

그는 가고 싶고 일하고 싶은

가난한 마을을 찾으며 묻는다.

장자는 그의 사자좌에 앉아서

멀리 있는 그의 아들을 보고

말없이 그를 알아본다.

그는 지체 없이 사자들에게 명령한다.

그들은 서둘러 그를 붙잡아서

장자의 앞으로 데려와야 한다.

가난한 아들은 놀라서 외치며,

창백하여 땅에 쓰러진다.

'이 남자들이 나를 붙잡았으니,

나는 꼭 죽게 될 것이다.' 라고 그는 생각한다.

'어찌하여 옷과 음식에 대한 욕구가 나를

여기로 데리고 왔을까?'

장자는 그의 아들이 어리석고 약하다는 것과

그의 말을 믿지 않을 것이라는 것을,

그리고 또한 그가 자기 아버지라는 것을 믿지 않으리란 것을

알았기 때문에,

그는 방편으로 다른 남자들을 보내는 데,

(그들은) 애꾸눈에 뚱뚱하고 이상하며

그리고 품위 있는 덕이 없는 자들이다.

장자는 그들이 말해야 할 것을 그들에게 일러 준다.

"너는 우리와 함께 일할 수 있으며,

우리는 오물과 쓰레기를 치워야 하며,

그리고 너는 품삯을 두 배로 받게 된다."

가난한 아들이 이것을 들었을 때,

오물과 쓰레기를 치우기 위해

그리고 집들을 깨끗하게 하기 위해

기뻐하며 그들과 함께 간다.

장자는 창문을 통하여 항상 아들을 본다.

그는 그의 아들이 어리석고 그보다 약하고,

단순한 것에도 기뻐한다고 생각한다.

그리하여 장자는

낡고 더러운 옷을 입고,

더러운 빗자루를 들고,

아들이 있는 곳으로 간다.

방편으로 쓴 계획대로 그는 아들에게 가까이 간다.

장자는 열심히 일해야 한다고 말하면서,

그에게 품삯을 두 배로 줄 것이며,

그 외에도 발을 적실 수 있는 기름과

충분히 먹고 마실 수 있는 것과

두껍고 따뜻한 자리도 줄 것이라고 한다.

그때 그는 엄격한 말로 이야기한다.

"지금 부지런히 일하여라!"

그리고 그는 부드럽게 말한다.

"너는 나의 아들과 같다."

장자는 그를 자신의 지혜에 길들게 하고,

격의 없이 자기 집을 출입하게 한다.

20년이 지났을 때

장자는 그를 집안일을 관리하도록 고용한다.

금과 은, 진주와 수정을 보여주고

그 들어오고 나감을 알려 준다.

비록 아들이 그 모든 것을 알았을지라도,

그는 여전히 문밖에서 살고,

그리고 움집에서 거주한다.

그 자신은 여전히 궁핍한 것들을 생각하면서

말한다. "이런 것들은 나의 것이 아니다."

아버지는 아들의 생각이

점점 넓어지고 커지는 것을 보고

자신의 소유물들을 넘겨주고 싶어 한다.

그는 그의 친척들과

임금, 대신들과

무사계급과 시민들을 모은다.

이들 대중 한 가운데에서

그는 선포한다. "이 사람은 나의 아들이다.

그는 나를 떠나 타국에 갔던 것이

약 50년 이상이 된다.

내가 나의 아들을 다시 본 이래로

거의 20년이 지났다.

오래 전에,

한 특정한 도시에서,

나는 이 아들을 잃어버렸다.

나는 돌아다녔고 그를 찾았으며

그리고 마침내 이곳으로 왔다.

내가 가지고 있는 모든 것, 즉 집들과 사람들을

그가 원하는 대로 사용할 수 있게

나는 그에게 넘겨준다."

아들은 자신이 오랫동안 가난했고,

열악한 처지에 있었다는 사실을

생각한다.

하지만 지금 그는 그의 아버지로부터

많은 진주와 보석들

집들

그리고 모든 소유물들을 얻었다.

전혀 기대하지 않았던 것을 얻은 것에 대해

그는 매우 기뻐한다.

그것은 붓다에게 있어서도 마찬가지다.

붓다는 우리가 작은 법(소승)에 대해 기뻐한다는 것을 알았다.

그래서 그는 우리에게 설하지 않았다.

그리고 우리가 붓다가 될 것이라는 것을

우리에게 아직 말하지 않았다.

그러나 그는 갖가지 오염들로부터 해탈을 얻었고,

소승 안에서 완전하게 되었던 우리가

그의 성문(聲聞) 제자들이라는 것을 알려 주었다.

붓다는 우리에게 명령하였다.

"최고의 길(最上道)을 전하여라!

그 길을 수행하고 실천하는 자들은

붓다가 되는 데 이르게 될 것이다."

우리는 붓다의 가르침을 받아들였고

그리고 대보살들을 위하여

모든 종류의 다양한 묘사들과 비유들을 가지고

그리고 많은 표현들을 가지고

최고의 길(無上道)[*]을 설하였다.

우리로부터 법을 들었던

불자(佛子)들이

그 법을 밤낮으로 깊이 생각하였고

그리고 열심히 실천하였다.

이때 붓다들이 불자들에게

예언을 주었다.

"미래에 너희는 붓다가 될 것이다."

모든 붓다의

신비스러운 보석의 법을

우리는 오직 보살들에게만

그 참된 정황에 따라 설파하였다.

우리를 위해서

이 진리를 설했던 것은 아니다.

＊ 저자 보르직은 법화경 원문의 '最上道'와 '無上道'를 의미를 중심으로 하
여 'der höchste Weg'(최고의 길)으로 동일하게 번역하였다(역자 주).

가난한 아들이 그의 아버지에게 가까이 왔을 때

그리고 비록 그가 모든 재물을 알았을지라도,

그는 그들을 얻을 것이라는 희망을 마음속에 품을 수 없었던 것과

똑같이

비록 우리가 불법(佛法)에 관한

값진 보석을 말했을지라도,

우리들 또한 그것에 대한 의지와 희망을

갖지 않았다.

우리는 스스로 우리의 멸도에

충분하다고 생각했다.

이것을 깨달은 뒤에

우리에게 남아 있는 것은 아무것도 없었다.

심지어 불국토(佛國土)가 정화되고

중생들이 교화되어 변신하는 사실을 들었다 해도

우리는 기뻐하지 않았을 것이다.

왜?

우린 그래야 된다고 생각했기 때문이다.

우리는 모든 존재의 요소들이

태어남도 없고 사라짐도 없고,

크지도 않고 작지도 않고,

더럽혀지지도 않고 생겨나지도 않으며,

다 비어 있고 무가치하다고 생각하였다.

그래서 기쁨도 솟아오르지 않는다.

우리는 긴 밤 동안

붓다의 지혜를

시기하지도 그것에 사로잡히지도 않았고

또한 우리는 어떤 소원도 의지도 없이

법 안에서 완성되었다고 믿었다.

우리는 긴긴 세월 동안 공(空)의 법(法)을 수행한 후에,

삼계(三界)의 고통과 곤경의 수고들로부터

해방되었다.

그리고 마지막 육체적인 단계를 가지고

아직 (존재하는 것들)이 있는 열반에 머물렀다.[30]

붓다가 우리를 교화하였을 때,

우리는 도(道)에 도달했고 성공적이었다고 믿었다.

그리고 우리가 이미 붓다의 은혜에 감사를 드렸다고

믿었다.

비록 우리 모든 불자(佛子)들이

보살들의 법을 설해서

불도(佛道)를 구하게 하였을지라도

하지만 우리는 오랫동안

이 법을 구하지도 그것에 대해 기뻐하지도 않았다.

스승께서 우리에게 주시는 것은,

그가 우리의 마음을 보았기 때문이다.

그래서 그는 우리에게 맨 처음에

우리가 무엇을 열심히 정진해야 하는지 그리고 어디에 참된 이익이

놓여 있는지

가르치지 않았다.

아들의 영혼의 상태가 낮은 단계였다는 것을 알았던

부자 장자(長者)가 방편에 따른 계획의 도움으로

자기 아들의 마음을 부드럽게 만든 것 같이,

그리고 그가 그 후에 아들에게

소유한 모든 귀중한 것들을 맡긴 것과 같이

붓다도 특별한 사건을 분명히 드러내면서 그렇게 한다.

그는 표면적인 것들에 대해 기뻐하는 자들을 알기 때문에,

방편력으로 그들의 마음을 준비시켜

그들에게 큰 지혜[31]를 가르친다.

우리는 오늘

아직 결코 있지 않았던 것을 경험하였다.

이전에 바라지 않았던 것을

우리는 지금 얻었다.

무량한 보화들이 그의 소유가 되었던

저 가난한 아들처럼,

세존이시여, 우리는

지금 결실을 얻었고 우리는 도(道)에 이르렀다.

그리고 무루법(無漏法)을 위하여

우리는 깨끗하고 흠이 없는 눈을 얻었다.

긴 밤 동안

우리는 붓다의 청정한 계율(淨戒)을 지켰고

그리고 그에 대한 대가로 오늘

결실과 보답(果報)을 얻는다.

법왕의 법 속에서

우리는 오랫동안 범행(梵行)을 닦았다.

이제 우리는 때 묻지 않은, 가장 좋은, 최고의 결실을 얻는다.

지금 우리는

실제로는 이 음성의 청자들(= 聲聞)이다.

그리고 우리는 불도(佛道)의 음성을 듣도록

모든 청자들을 자극한다.

우리는 지금

실제로는 아라한들(성자들)이다.

모든 세계에 있는

신들, 인간들, 마귀들(魔, Māras)[32]과 브라흐마들(梵, Brahmas)로부터,

이들 모두 가운데서 우리는 그들에게 공경을 받는다.

세존은 그의 큰 호의 안에서

아직 전혀 있지 않았던 사건들의 도움으로

그의 동정과 염려를 보인다. 우리를 교화시키고,

우리에게 은혜를 베푼다.

누가 그것을 무량한 세상의 시간 속에서

보답할 수 있겠는가?

만일 사람이 그에게 손과 발을 가지고 공손히 헌신하고

머리 숙여 존경심 가득히 인사하고,

그리고 온갖 공양을 가지고 경배한다고 해도

다 보답할 수 없다.

만일 누군가 그를 머리 위에 이거나

또는 어깨에 메고,

갠지스강의 모래처럼 수많은 세상의 시간 동안

헌신하는 마음으로 섬기거나,

또는 가장 좋은 음식과

혹은 무량한 값진 옷들로

그리고 모든 종류의 누워 잘 수 있는 와구(臥具)와

각종 종류의 약들을 가지고

그를 섬긴다 해도,

또는 만약 사람이 황소머리 (모양의 산에서 가져온) 백단목재와

갖가지 보석으로

탑(塔, stūpas)들과 승원(廟, Klöster)들을 세우거나

값진 의복들을 땅 위에 깐다해도,

이와 같이하여

경배하기를

갠지스강의 모래처럼 수많은 세상의 시간 동안 한다 해도

보답할 수 없을 것이다.

붓다들은 진기하고,

무량하며, 무한하고

상상할 수 없이

커다란 신통력(神通力)을 가진다.

오염과 의도적인 행위[33] 없이

그들은 모든 법의 왕들이다.

낮은 내적인 상태 때문에

그들은 이 일들을 스스로 받아들일 수 있다.

외관에 의지하는 재가자들을 위해서

그들에게 적합한 것을 설한다.

모든 붓다는 법 안에서

최고의 자유를 얻었다.

그들은 다양한 개개 중생들의 욕망과 기쁨

의지력의 한도를 알기 때문에,

그들이 견딜 수 있고 수용할 수 있도록

알맞게 무량한 비유를 들어

법을 설한다.

과거에 개개의 중생들이 심어 놓은

선근(善根)에 적합하게,

그리고 그들이 성숙되었는지

아직 성숙되지 않았는지를 헤아려,

이것을 다양하게 고려하여,

차별을 지어 (상황의) 완전한 인식에 따라

일승(一乘)의 도(道) 안에서 삼승(三乘)을

받아들이는 능력에 맞게 설한다.

약초의 비유

'약초의 비유'는 '불타는 집'의 비유와 '잃어버린 아들'의 비유 다음에 나오는 법화경의 세 번째 비유다. 이 비유에서도 이전의 두 비유와 같이 붓다의 '방편'에 관한 제2장의 메시지가 전개된다. 그것은 비록 아주 다양한 특성의 사람들이라고 할지라도, 그리고 그들이 소승의 구원의 길에 애착을 가지거나 가졌다고 할지라도 방편에 따라 성불(成佛, Buddhaschaft), 깨달음, 열반은 모든 사람들에게 주어져야 한다는 것이다. 법화경에서 붓다 석가모니는 높고 낮은 모든 사람들을 위하여 포괄적인 구원의 길, 즉 모든 사람을 열반에 들게 하는 것, 지복을 가능하게 하는 대승(Mahāyāna)을 설한다.

제5장에서는 여래(Tathāgata)* 라는 별칭을 가지고 있는 붓다를 다양한 식물, 즉 풀과 나무, 총림, 숲과 약초 위에 생명을 주는 비를 쏟아 붓는 큰 구름으로 비

---

* 직역하면 '그렇게 온 자'(der Sogekommene)

교한다. 다양한 사람들은 붓다의 가르침의 비가 차별 없이 내리는 식물들과 다름 없다. 그들은 자신의 능력에 따라 차가운 물을 받아들인다. 그러나 그것은 하나의 동일한 비다. 붓다는 그의 법의 비를 "존경을 받는 자들과 보잘 것 없는 자들 위로, 높고 낮은 자 위로, 도덕규정을 준수하는 자들과 그것을 깨는 자들 위로, 덕 안에서 완전한 자들과 불완전한 자들 위로 흐르게 한다."

이것은 우리들에게 마태오복음에 있는 소금을 떠올리게 한다.

"하느님이 그의 해를 악인과 선인에게 비추게 하시며 비를 의로운 자와 불의한 자에게 내리게 한다."(마태 5, 45).

물의 본질에 대한 비교는 도덕경에서도 발견된다.

최고의 선은 물과 닮았다.

물은 모든 것에

차별 없이 생명을 준다.

그것은 어디든지, 또한

사람들이 업신여기는 곳에도 흐른다.

그래서 그것은 도(道)와 닮았다."[34]

붓다 석가모니는 법화경에서 그의 선(Güte) 안에서 차별 없이 모든 중생들에게 설한다. 그는 "하나의 맛을 가지고 있는 달콤한 이슬의 순수한 법(甘露法), 즉 지혜와 열반, 최고의 지복(Seligkeit)을 통한 해탈을 설한다."

그때에 세존이 마하가섭(摩訶迦葉, Mahā-Kaśyapa)[35]과 다른 대제자들에게 말했다.

"좋고, 좋도다, 가섭(Kaśyapa)아! 너는 여래의 참된 공덕을 잘 전했다. 그것은 참으로 네가 말했던 그대로다. 여래는 다른 한편으로는 무량하고 무한하고 무수한 공덕을 가지고 있다. 비록 네가 그 공덕을 무량억겁 전한다 해도, 너는 그것을 다 펴낼 수가 없다. 가섭아, 알아라! 여래는 모든 법의 왕이다. 만일 그가 무엇을 설한다면, 그것은 잘못되지 않는다. 모든 법을 그가 상세히 해설하고, 그는 지혜에 근거한 방편을 가지고 그것을 설명한다. 그가 설하는 법은 모든 사람을 일체지의 단계로 인도한다. 여래는 모든 법이 그 안에 지니고 있는 것이 무엇인지 보고 안다. 그 외에 그는 모든 중생들의 가장 깊은 마음속에 무엇이 일어나는지 안다. 그는 장애 없이 중생들을 통찰한다. 또한 그는 모든 법들을 온전히 분명하게 본다. 그리고 그는 개개의 중생들에게 그의 일체지를 보여준다.

가섭아, 예를 들어 이런 세상을 한 번 생각해 보자. 삼천대천세계(三千大千世界)[36]에서 땅에는 풀과 나무들이 자라고, 물이 흐르는 산천과 계곡들을 따라서는 총림과 숲과 약초들이 있고, 각각의 다양한 종류의 속(屬)과 수와 마찬가지로 이름과 색깔이 다양하다. 삼천대천세계를 뒤덮은 빽빽한 구름이 그들 위로 넓게 펼쳐졌는데 이들 구름이 갑자기 모든 식물 위에 큰 비를 내린다.

가섭존자(Kaśyapa)
중국 마이지산(Maichishan) 5세기
기젤라 파우제(Gisela Pause) 복사.

차가운 물은 모든 풀과 나무, 총림과 숲 그리고 여러 가지 약초를 적신다. 작은 뿌리와 작은 줄기, 작은 가지와 작은 잎사귀를 가지고 있는 약초들, 중간 크기의 뿌리와 중간 크기의 줄기, 중간 크기의 가지와 중간 크기의 잎사귀를 가지고 있는 약초들과 긴 뿌리와 긴 줄기, 긴 가지와 긴 잎사귀를 가지고 있는 약초들. 크고 작은 모든 나무들은 각기 그들의 상, 중, 하 상태에 따라 그들의 몫을 받게 된다. 하나의 구름으로부터 내리는 비로 그들은 그들의 종류에 맞게 성장하여 꽃이 피고 열매가 익게 된다. 비록 그들이 같은 땅에서 자라고 똑같은 비에 적셔질지라도, 각각의 풀들과 나무들은 제각기 다양하다.

가섭아, 알지어다! 여래도 또한 이와 같다. 마치 커다란 구름이 떠오르는 것처럼 그는 세상에 출현한다. 그는 마치 저 큰 구름이 삼천대천세계의 모든 곳을 덮은 것처럼 그는 강한 음성으로 신들, 세상의 인간들과 악마들 위의 어디서나 들리게 한다. 큰 무리 속에서 그는 이 말들을 울려 퍼지게 한다.

"나는 공경하기에 적합한, 도처에 참된 것을 알고 있는, 인식의 순수한 변화 속에서 완전한, 열반의 강가를 잘 건너간, 세상과 관련해 바람과 욕망으로부터 자유로운, 비할 데 없는 스승, 존경 받는 사람, 신들과 인간들 위의 스승이며 불세존인 여래다. 나는 아직 구제 받지 못한 자들을 구제 받도록 할 것이다. 아직 깨달음을 얻지 못한 자들을 나는 깨달음(解, Verständnis)[*]으로 인도한다. 아직 평안을 얻지 못한 자들, 그들에게 나는 평안을 줄 것이다. 아직 열반을 얻지 못한 자들을 위하여 나는 그들이 열반을 얻게 할 것이다. 나는 지금의 세계와 다가올 세계를 있는 그대로 안다. 나는 모든 것을 알고 모든 것을 보는 자이며, 도(道)를 알고, 도(道)를 열고, 도(道)를 전하는 자다. 신들과 인간들, 악마들의 무리인 너희 모두는 법을 듣기 위해 이곳으로 와야 한다."

그때 무수한 천만억 종류의 중생들이 붓다에게로 왔으며 법을 들었다. 중생들이 그들의 뿌리를 보고 통찰력이 있는지 발전했는지 둔감한지를 본 여래는 그들이 받아들일 수 있게 적절히 법을 설하였다. 종류와 방법은 무량했고 다양하였다. 그는 모두가 기뻐하고 선한 마음을 가지고 복이 많은 이익을 얻도록 하였다. 이 법을 들은 모든 중생들은 현세에서 평안하고 고요하게 되며, 후에는 그들이 도(道)에 대해 기쁨을 가지며, 또

---

* 저자 보르직은 원문의 '解'를 독일어 'Verständnis'로 번역하였다. 역자는 이를 우리말 '깨달음'으로 다시 옮긴다. 앞에서 이미 설명한 대로(46쪽 역자주 참조) 깨달음은 가르침(敎)을 통한 점차적인 깨침을 의미한다. 이것은 몰록의 '깨침'과는 다르다. 전자가 '교신'(敎信)이라면 후자는 '조신'(祖信)을 말한다. 교신은 믿고(信), 이해하고(解), 실천하고(行), 확증하는(證) 과정을 따라 점차 닦아 나가면 누구나 붓다가 될 가능성을 갖고 있다는 믿음이다. 이것은 인식에 기반을 두는 신앙형태다. '확인'으로서의 조신은 '체험'을 토대로 하는 믿음이다. 단밖에 얻어지는 몰록 깨침이다(역자의 논문 '교신과 조신의 대승적 믿음을 통해 본 종교간 대화의 해석학', 「종교연구」제54집, 2009년 봄, 229~231쪽 참조). 그러므로 본문에서 여래가 아직 열반에 들지 못한 자들을 깨달음의 세계로 인도한다는 것은 곧 가르침이라는 타력에 의한 인식을 통해 얻어지는 깨달음을 말한다(역자 주).

한 법을 들을 수 있는 좋은 단계에서 살게 된다. 만일 그들이 법을 들었다면, 그들은 갖가지 장애들로부터 자유롭게 되고, 모든 법 안에서 그들의 힘에 맞게 단계적으로 도(道)에 들어간다.

커다란 구름이 식물, 나무, 총림과 숲 그리고 약초 위에 비를 내려 주고 그들에게 그들의 종류와 특성에 알맞게 완전한 방법으로 습기를 제공하고, 모든 것이 자라게 하고 발육하게 하는 것과 똑같이 한 모습(相)이고 한 맛이니, 즉 여래로부터 설해진 인식을 통한 해탈, (현혹으로부터의) 이탈과 소멸에 관한 법도 그와 같다. 마침내 사람은 일체지(一切智, Allwissen)[37]에 도달한다. 만일 여래의 법을 듣고 그것을 지키며, 읽고 독송하고 그리고 설법에 따라 실천하는 중생들이 있다 해도, 그들은 그들이 얻는 공덕을 아직 모른다. 왜 그러한가? 오직 여래만이 종자(種), 모습(相), 몸(體)과 본성(性, Natur)에 따라 중생을 알고, 모든 것을 알기 때문이다. 그들이 무엇에 대하여 곰곰이 생각하며, 그것에 대하여 어떤 생각을 하는지, 무엇을 실천하고, 어떻게 깊이 생각하며, 어떻게 숙고하는지, 어떻게 행동하고, 어떤 법에 대하여 곰곰히 생각하며, 어떤 법을 고려하는지, 그들이 어떤 법을 실천하고, 어떤 법으로 어떤 법을 얻는지 알기 때문이다. 중생들은 다양한 단계에 머물고 있으며 오직 여래만이 장애 없이 선명하게 그 단계들을 볼 수 있고 그들의 실제 상황을 알 수 있다. 그것은 스스로 그들 자신의 작고, 중간이고 큰 성질에 관하여 모르는 모든 식물과 나무들과 총림 그리고 숲과 다양한 약초들에 있어서와 똑같다. 여래는 한 모습(相)과 한 맛, 즉 인식을 통한 해탈, (현혹으로부터의) 이탈, 소멸, 궁극의 열반, 항구적인 평안을 위한 소멸과 마침내 공(空)으로의 귀의를 안다. 비록 붓다가 이것을 경험했을지라도, 그는 중생들의 마음의 욕망을 보고 그것을 중요하게 여긴다. 그러한 이유에서 그는 그들을 위하여 즉시 일체지(一切智)를 설하지 않는다.

가섭과 너희 모두여! 너희가 여래가 마음에 적절하게 설한 법을 인식하는 것은 무척 특별한 것이고 그것을 믿고 영접하는 일 또한 매우 특별한 일이다. 왜 그러한가? 모든 붓다와 세존이 설한 법을 이해하는 것은 어렵고 그걸 아는 것도 어렵기 때문이다.

그때 세존께서 이 뜻을 거듭 펴려고 게송으로 말했다.

존재하는 사물의 포박을 없애는 법왕이

세상에 나타난다.

중생들의 욕망에 따라

그는 여러 가지 방법으로 법을 설한다.

여래는 공경 받고

그의 지혜는 깊고 넓다.

오랫동안 그는 이 근본적인 법을 감추고 있었고

그것을 속히 설하기 위해 독촉하지 않았다.

만일 지혜로운 자가 그것을 듣는다면,

믿음으로 인식할 수 있다.

지혜롭지 않은 자들은 의심을 하고 그에 대해 불편함을 말할 것이다.

그들은 아마 그 법을 영영 잃어버릴지도 모른다.

때문에, 가섭아,

나는 그들을 위하여 그들의 능력에 맞게 설한다.

갖가지 업 이야기들[38]을 가지고

나는 그들을 올바른 견해(正見)로 인도한다.

가섭아, 알도록 하여라!

그것은 마치 커다란 구름이 세상에 솟아올라

모든 것의 주위를 덮고 있는 것과 같다.

물기로 가득한 지혜의 구름.

번개로부터 광선이 번쩍이고,

천둥이 멀리까지 울린다.

그리고 모두 기뻐한다.

햇빛은 가려지고,

땅 위는 신선하고 서늘하다.

구름은 낮게 펼쳐져

잡힐 듯 가깝다.

비가 도처에 고루 내리고

사방에서 비가 쏟아진다.

비는 끝없이 흐르고 물결을 이루어

온 나라를 뒤덮는다.

산 위에, 가파른 계곡의 강을 따라,

숨겨진, 드러난 자리에서

식물, 나무와 약초들,

크고 작은 나무들이 자란다.

수백 가지 곡식의 싹과

사탕수수와 포도 가지가

비로 인해 충분한 수분을 취한다.

마른 땅은 어디에나 흠뻑 젖어 있고

약초들과 나무들은 나란히 자란다.

이 구름으로부터 온

한 맛의 물로부터,

약초들, 나무들, 총림과 숲들이

성장에 알맞은 물기를 받아들인다.

모든 나무들은

크거나, 중간이거나 또는 작거나 같은 정도로

자라고 그들의 크기에 맞게 발육한다.

뿌리, 줄기, 가지와 잎들,

꽃과 열매들은 비를 맞기만 하면 자신들의 빛깔로 충만하여

환하게 빛나고 반짝이게 된다.

그들의 실체와 모양과

특성이 크기에 따라 다양하듯이,

같은 물을 흡수하지만 각자 자신의 모습으로 성장한다.

만일 붓다가 세상에 출현한다면,

붓다 또한 마찬가지로 작용한다.

널리 모든 것을 덮는

큰 구름과 비교할 수 있다.

그는 세상에 출현하면,

다양한 중생들을 위하여

모든 법들의 진리를

상이한 방법으로 설명하고 또 사람에 따라 그렇게 상이하게 설한다.

대성인(大聖人) 세존은

신들과 인간들

그리고 모든 대중 한 가운데서

다음과 같이 설한다.

"나는 사람들 가운데서

존경 받는 여래다.

나는 큰 구름처럼

세상에 출현한다.

그리고 모든

메마른 중생들 위에 나는 나의 축복을 붓고,

모든 고통으로부터 구해내고,

그들이 고요함과 평안의 기쁨,

세상의 기쁨과

열반의 기쁨을 얻도록 축복한다.

너희 신들과 인간들 모두!

마음을 다해 나에게 주의를 기울여라!

모두 여기로 와서

넘어설 자 아무도 없는 존경 받는 자를 보라.

나는 모든 세상으로부터 존경받는 자(世尊)이며,

아무도 나에게 이를 수 없다.

모든 중생들에게 고요함과 평안을 마련해 주기 위하여,

나는 세상에 출현한다.

대중을 위하여

나는 단 이슬의 정법(淨法)을 설한다.

이 법은 한 맛이니

깨달음(die Erkenntnis)을 통한 해탈과 열반이다.

한결같은 놀라운 음성을 가지고

나는 법의 의미를 설명한다.

항상 나는 대승을 취하여

그것을 업에 대한 이야기의 대상으로 삼는다.

나는 도처의 모두를

같은 방식으로 존중한다.

어떤 사람들에게는 사랑의 마음을,

또 어떤 사람들에게는 거절의 마음을 가지는 것은 내 방식이 아니다.

나는 질투와 집착으로부터 자유롭고

제한함이 없다.

모두를 위해서 나는

변함없이 똑같은 방법으로 법을 설한다.

내가 한 명의 유일한 사람을 위해 설하는 것과 같이

많은 사람들에게도 그렇게 한다.

나는 끊임없이 법을 설명하고 가르치지만

나를 위한 것은 아무것도 없다.

가고, 오고, 앉고, 서 있음에

결코 싫증을 내지 않는다!

내가 그렇게 해서 세상을 충족시키는 것이,

모든 것을 적시는 비와 똑같다.

존경 받는 자와 보잘것없는 자 위에, 높은 자와 낮은 자 위에,

도덕규율을 잘 지키는 자와 그것을 깨는 자 위에,

덕 안에서 완전한 자와

불완전한 자 위에,

올바른 견해를 가진 자와 잘못된 견해를 가진 자 위에,

날카로운 이성을 가진 자와 둔감한 자들 위에

똑같이 법의 비를 내려주며

그것에 대해 피곤해 하지 않는다.

나의 법을 들은 모든 중생들은

각각의 힘과 수용 정도에 맞게

자신들의 수준에 오른다.

인간들과 신들,

그리고 전륜성왕(轉輪聖王)들[39]

또는 샤크라(釋, Śakra)[40], 브라흐마(梵, Brahmā)[41] 그리고 다른 왕들

가운데 사는 자들은

작은 약초들과 같다.

무루법(無漏法)을 아는 자들과

열반을 얻은 자들,

여섯 가지 신통력(六神通)을 얻은 자들과

세 가지 통찰(三明)을 얻은 자들,

오직 산 또는 숲에서 사는 자들,

항상 선정(禪定)을 닦는 자들과

마침내 연각불(緣覺佛, Pratyeka-buddha)의 깨달음을 얻은 자들,

이들은 중간 크기의 약초들이다!

세존의 있는 곳을 구하는 사람들과

'우리는 붓다가 되고자 한다' 고 생각하는 사람들,

열심히 정진하며 선정을 닦는 사람들,

이들은 가장 큰 약초들이다!

그리고 전심으로 불도(佛道)를 가고,

항상 자비를 행하며,

자신이 붓다가 될 것임을

확고하고 단호하게 의심 없이 아는

불자(佛子)들,

이들을 나는 작은 나무들이라고 부른다.

초세상적인 통찰(神通) 안에서 평안하게 머무는 자들,

더 이상 되돌아가지 않는 바퀴(= 불퇴전의 법륜)를 굴리는 자들,

무량 억(億), 백천(百千)의 중생들을 구하는 자들,

이들과 같은 보살들을

나는 큰 나무들이라고 부른다.

모두를 위한 붓다의 동일한 설법은

한 맛인 비와 같다.

저 풀들과 나무들이

(비를) 각각 다르게 받아들인 것과 똑같이

중생들도 (설법을) 그들의 성품에 맞게

다르게 받아들인다.

붓다는 이 비유에 힘입어 방편으로 일러주며

한 법을 많은 종류의 설명을 동원하여 열어 보이고 설한다.

그러나 붓다의 지혜 안에서

그것은 바다의 한 방울 물과 같다.

나는 법의 비(法雨)를 내리게 하고

온 세상을 채운다.

한 맛의 법을

수행력에 따라 실행하는 그들은

그들의 크기에 따라

조금씩 발전하며 성장하는

저 총림과 숲들,

약초들과 모든 나무와 같다.

모든 붓다의 법은

항상 그의 한 맛(一味)[42]을 가지고

온 세상을 완전하게 한다.

단계별로 수행하면서

그들 모두는 성문(聲聞)과 연각불(緣覺佛)의

도(道)를 결실로 얻는다.

그들은 산과 숲속에 머물며

화신(化身, Inkarnation)의 마지막 단계에 도달해 있는 바

법을 듣고 결실을 얻게 되니, 이것은

성장하고 만개하는 약초같다.

만일 보살들이

지혜가 견고하고,

삼계(三界)를 통찰하며

그리고 최상승(最上乘)을 구한다면,

이들을 나는 아직 자라고 성장하는 작은 나무들이라고 부른다.

선정 속에 머물러서

신통력(神通力)을 얻었던 그런 사람들을,

존재 요소들[43]의 공(空)함을 들었을 때

마음으로 크게 기뻐하는 그런 사람들을,

무수한 광명을 발하여

모든 중생들을 구제하는 그런 사람들을,

그들을 나는 자라고 성장하는 큰 나무라고 부른다."

가섭(Kaśyapa)아, 이와 같은 것이 붓다가 설한 법이다.

그것은 커다란 구름과 같아,

인간 꽃에 물을 주어

열매를 맺게 한다.

가섭아, 알아라!

다양한 업 이야기들과 다양한 비유들을 가지고

나는 불도(佛道)를 열어 보인다.

이것이 나의 방편력이다.

모든 붓다들도 또한 이것(방편력)을 가진다.

지금 나는 너희를 위하여

최고의 참된 사실을 설한다.

성문들(聲聞)의 모든 무리는

아직 멸도(滅度)[44]를 얻지 못하였다.

너희가 지금 실행하는 것이

보살도(菩薩道)이니

그것을 단계적으로 수행하고 배우면,

너희 모두 다 붓다가 될 것이다.

안내자인 모든 붓다들은 인간을 쉬게 하려고 열반에 관하여 설한다.

마술도시의 비유

붓다 석가모니는 제7장에서 사성제와 십이연기, 즉 업-인연(因緣)을 설한 후에 「마술도시의 비유」(化城喩品)를 설파한다.

"인간의 삶은 계속되는 순례여행으로 길고 힘겹다."고 교황 요한 23세는 쓰고 있다.[45] 크리스천처럼 또한 불자들도 스스로 '길 위의 순례자들'이라고 느낀다.

「마술도시의 비유」는 생사의 가파른 길 위에 있는 사람들과 '보석장소', 깨달음, 열반, 완전한 삶을 얻고자 하는 사람들에 관한 것이다. 근심과 두려움을 불러일으키는 길 위에서 애쓰는 사람들, 그들을 안내자인 붓다가 인도한다. 안내자, 그는 길의 힘든 통로들을 안다. 그리고 그는 사람들을 안다. 그들은 길의 중간에서 뒤처져 더 이상 나아갈 수 없다. 그들은 되돌아가려 하지 않는다. 그때 그들을 불쌍히 여긴 안내자가 마술을 부려 황무지 한 가운데에 사람들이 평안하게 지내며 즐기고 쉴 수 있는 정토의 도시가 나타나게 한다. 사람들은 기쁨에 가득 차 이미 목표에 이르렀다고 생각한다.

하지만 그들이 원기를 회복했을 때, 안내자는 삶의 참된 보석, 평안과 기쁨 안에서 영원한 삶을 누릴 수 있는 열반을 얻게 하기 위해, 아직은 남아 있는 가파른 길의 마지막 여로를 갈 수 있도록 그들에게 용기를 북돋아 준다.

붓다 석가모니는 지혜와 정신력이 충만한 안내자다. 그는 사람들에게 먼저 소승의 두 개의 수레, 즉 성문(聲聞)과 연각(緣覺)의 붓다가 되는 길을 설하여 그들이 '작은' 열반을 얻을 수 있게 하는 바 사람들에게 깊은 자비를 실현한다. 그런 뒤에 이제는 대승 안에서 그들을 생사의 가파른 길 위에서 계속해서 더 높이 인도한다. 그는 사람들을 완전한 대승의 붓다가 되도록 이끈다.

부처님께서 말했다.

사람은 다른 승(乘, Fahrzeug)이 아닌 오직 불승(佛乘)만을 가지고 (본래의) 열반에 들어가는 것이다. 다른 승(乘)들에서는 모든 여래들이 방편의 도움으로 법을 설한다.

너희 모든 비구들이여! 만일 여래가 스스로 열반의 시간이 왔다는 것을 안다면, 만일 모두가 청정하고 믿음과 이해 안에서 견고하다면, 만일 그들이 법공(法空)에 통달하고 선정에 깊이 들어간다면, 그때 그는 이 경전을 설하기 위해 모든 보살들과 성문들(청자들)을 모은다. 세상에서 두 개의 승(乘)으로는 열반에 들 수 없으며, 오직 하나의 불승(一佛乘)만으로 열반에 들어갈 수 있다.

너희 모든 비구들은 여래가 방편을 가지고 깊이 사람들의 성품을 이해한다는 것을 알아야 한다. 그는 사람들이 속으로 작은 법(소승법)에 대해 기뻐한다는 것을 안다. 그들은 매우 깊이 오욕(五欲: 재물, 남녀교합, 음식, 명예, 수면)에 사로잡혀 있다. 이런 이유에서 붓다들은 그들을 위하여 특별히 열반을 설한다. 사람들이 그것을 듣자마자, 그들은 쉬운 방법으로 믿음을 받아들일 수 있다.

나는 그것을 비유를 들어 명백히 하고자 한다.

500 요자나(Yojanas)[46]의 길고, 가파르고, 험난한 나쁜 길이 있다. 그 길은 아주 먼 곳에서 끝나며, 사람이 살지 않고 공포를 불러일으키는 곳

을 통과하도록 되어 있다. 이 길을 가는 많은 사람들이 값진 보석들로 이루어진 곳에 이르기를 원한다. 한 안내자가 그들 곁에 있다. 그는 통찰력이 뛰어나고 정신력이 강하고 총명한 사람이다. 그는 협로와 험한 길 중에도 지름길을 잘 안다. 그는 사람들을 인도하고 그들이 험한 구간을 통과할 수 있기를 바란다. 그가 인도하는 사람들은 길 중간에서 태만하여 뒤처지게 된다. 그들은 안내자에게 말을 건넨다.

"우리는 피곤하고 지칠 대로 지쳐 있으며 게다가 두려움이 큽니다. 우리는 더 이상 갈 수 없습니다. 우리 앞에 놓여 있는 길은 아직 멉니다. 그래서 우리는 이제 포기하고 돌아가고 싶습니다."

상황에 따라 방편이 풍부한 스승(導師)은 이렇게 생각한다.

"사람은 이들을 동정해야 한다. 어떻게 그들은 크고 값진 보석을 포기하고 되돌아서 가려고 하는가?"

그가 깊이 생각한 후에 방편의 힘을 가지고 300 요자나 이상 떨어진 위험한 길 중간에 한 마술도시를 짓는다. 그는 사람들에게 청하여 말한다.

"너희는 이제 더 이상 두려움을 갖지 말아야 한다. 또한 너희는 되돌아갈 생각을 하지 말아야 한다. 만일 너희가 이 큰 도시에 머무른다면, 너희는 이곳에서 너희가 뜻한 바를 추구할 수 있다. 만일 너희가 이 도시에 들어간다면, 너희는 평안한 삶을 살 수 있다. 만일 너희가 그때 계속해서 갈 수 있다면, 그리고 너희가 값진 곳에 이르고자 한다면, 그때 너희는 다시 떠날 수 있다."

그때에 지친 대중은 마음으로 크게 기뻐하였고 아직 그런 것은 겪어 보지 못했다고 찬탄하였다.

"우리는 이제 모든 이러한 나쁜 길을 면하고 진정으로 평안하고 행복하게 살 수 있게 된다."

그렇게 하여 사람들이 앞으로 나아가서 마술도시로 들어간다. 그들은 이제 해방되어 편안하게 살 수 있다고 생각한다. 오랜 시간 후에 안내자는 이 사람들이 쉬었고 더 이상 지치지 않았다는 것을 본다. 그는 이 마술도시를 사라지게 하고 사람들에게 말한다.

"너희 모두는 앞으로 나아가자. 보석 장소가 가깝다. 이전의 큰 도시는 내가 마술로 만든 것이다. 이제 그 결과로 너희는 쉬었다."

너희 모든 비구들아, 여래도 꼭 이와 같다. 지금, 너희 때문에 그는 큰 안내자로서 행동하고 생사와 현혹됨의 좁은 길을 안다. 너희가 가야하고 너희가 극복해야 할 그 길은 가파르고 험하며, 모든 곳으로부터 멀리 떨어져 있다. 만일 사람들이 오직 하나의 불승(一佛乘)만 있다는 것을 듣는다면, 그들은 붓다를 보려고 하지 않을 것이고, 그에게 가까이 가려고 하지 않을 것이다. 그들은 이렇게 생각한다.

'불도(佛道)는 길고, (모든 것으로부터) 멀리 떨어져 있다. 노고와 고통을 감내할 때만 불도를 완성하게 된다.'

이들의 생각이 소심하고 약하고, 낮고 쇠약하다는 것을 아는 붓다는 그들이 길 중간에서 회복할 수 있도록 방편을 가지고 임시로 두 종류의 열반을 가르친다. 만일 사람들이 두 단계(성문과 연각불)에 머무르게 되면, 여래는 그들을 이제 쉬운 방법으로 가르친다.

"너희는 아직 너희의 일을 끝내지 못하였다. 이제 너희가 머물고 있는 곳은 붓다의 지혜와 가깝다. 오직 그것만을 추구하고 그것을 계획하며 알아 나가라. 너희가 얻은 열반은 아직 완전한 진리가 아니다. 여래는 오직 방편의 힘을 가지고 하나의 불승(一佛乘)을 세 가지 다른 승(三乘)으로 가르쳤다."

그것은 마치 사람들을 회복시키기 위해 마술로 큰 도시를 만들었던 저 안내자의 경우와 같다. 그는 사람들이 이미 회복되었다는 것을 알았을 때 이렇게 말했다.

"보석장소는 가깝고, 이 도시는 여기 실제로 존재하지 않는다. 나는 그것을 마술로 만들었다!"

그때 세존께서 이 뜻을 거듭 펴려고 게송으로 말했다.

그것은 가파르고 험난한 길과 같아서,
차단되어 있고, 그 위에는 독이 있는 짐승들이 대단히 많으며,
또한 물과 풀도 없고 그리고
사람들에게 공포를 불러일으키는 좁은 길이다.

무수한 수천만 명이

이 가파른 길을 가고자 한다.

이 길은 아주 멀리까지 펼쳐져 있어서,

500 요자나가 한 구간이다.

한 안내자가 있는데,

그는 의식이 강하고 지식과 정신력이 충만하며,

명석한 이해력과 마음이 확고하고 단호하여,

가파른 길 위에서 모든 어려움으로부터 (사람들을) 구해 낸다.

모든 사람들이 지쳐 힘이 막바지에 이르자,

그들은 안내자를 향하여 말한다.

"우리 모두는 이제 가장 약해졌기 때문에

다시 돌아가고자 합니다."

안내자는 다음과 같이 생각한다.

'사람은 이 무리를 불쌍히 여겨야 한다.

왜 그들은 돌아가고자 하며,

그리하여 크고 진기한 보석을 잃어버리고자 하는가?

그는 방편을 생각하고

즉시 신통력(神通力)을 사용한다.

그는 집들이 매우 아름답게 꾸며진

큰 도시를 마법으로 만들어 보인다.

그 도시는 정원과 작은 숲,

시내와 못으로 둘러싸여 있다.

튼튼한 문과 높은 탑이 있다.

그 도시는 남자들과 여자들로 가득하다.

이렇게 마술도시를 만든 후에

안내자가 모두를 위로하며 말한다. "두려워 하지 마십시오!

만일 당신들이 이 도시로 들어간다면,

당신들은 각자의 즐거움에 따라 지낼 수 있습니다."

사람들이 도시에 들어왔을 때,

모두 마음에 크게 기뻐한다.

그들 모두는 이제 평안하게 살 수 있다고 생각하고,

자신들이 이미 구제되었다고 믿는다.

안내자(導師)가 그들이 다 쉰 줄 알았을 때,

그는 모두를 소집하여 말한다.

"당신들은 이제 계속 가야 하며,

여기 이것은 오직 마술도시(化城, Zauber-Stadt)일 뿐입니다.

여러분이 완전히 지쳐 있고,

그리고 길 중간에 돌아가고자 하는 것을

보았기에,

나는 방편의 힘으로

임시로 이 도시를 마술로 만들었습니다.

이제 여러분은 부지런히 앞으로 나아가야 합니다.

그리고 보석장소에 함께 도달해야 합니다.”

나 또한 이 사람과 같이,

모두를 위한 안내자다.

각자 길을 가려고 노력하는 자들이

길 중간에 지쳐 있고,

그리고 생사와 현혹됨의

가파른 길을 횡단할 수 없게 된 것을

내가 보았을 때,

나는 그들이 쉴 수 있도록

방편력으로 열반을 가르쳤다.

나는 너희의 고통이 없어졌고,

너희가 할 일을 이미 끝냈다고 말하였다.

너희가 열반에 이르렀다는 것과

모두 아라한[47]이 되었다는 것을 알았을 때,

나는 대중을 모아

진실한 법을 설하였다.

방편력을 지닌 모든 붓다들은

삼승(三乘)을 구분하여 가르친다.

오직 하나의 불승(一佛乘)만이 있으나

다만 너희를 쉬게 하려고 다른 두개의 수레(二乘)를 가르친다.

이제 나는 너희를 위하여 진리를 가르친다.

너희가 얻는 것은 열반이 아니다.

붓다의 일체지(一切智, das Allwissen)를 얻기 위해,

너희는 이제 크나큰 열정을 가지고 정진해야 한다.

만일 너희가 일체지와

열 가지 힘(十力)[48]의 불법(佛法)과

32개의 특징들(32相)[49]을 다 함께 보여 준다면,

그것이 진정한 멸도다.

안내자인 모든 붓다들은

인간을 쉬게 하려고 열반에 관하여 설한다.

너희가 이미 쉬었다는 것을 알면,

그들은 너희를 이끌어 붓다의 지혜로 들어가게 할 것이다.

붓다는 사람들을 일깨운다. 그는 그들에게 자기 안에 있는 진주를 의식하게 만든다.
그것은 삶, 영원한 삶의 진주이며, 붓다의 지혜와 이웃에 대한 자비의 진주다.

옷 속 진주의 비유

붓다 석가모니는 모든 사람이 붓다가 될 수 있다는 것을 보여 주는 제2장 「방편」(方便品)을 진행하면서 맨 먼저 그의 대제자들에게 붓다가 될 것(Buddhaschaft)이라는 예언을 주었다.

제8장 「오백제자수기품」(五百弟子授記品)에서 그는 예언을 1200명의 아라한과 500명의 제자들에게로 확장한다. 모두 붓다가 되리라 약속 받은 이들은 '보명'(普明, Samantaprabhāsa)이라는 동일한 이름을 가지게 된다.

500명의 아라한들은 붓다가 될 것이라는 예언에 대해 크게 감동하며 붓다에게 예를 취하고 나서 '옷 속 진주'의 비유에서 얻은 자신들의 느낌과 상황을 기술한다. 붓다 석가모니와 그의 승가 사이에 긴밀한 사상의 교류가 일어난 게 분명하다. 붓다와 제자들은 비유를 통해 서로 소통한다.

여기 다음과 같이 말하는 500명의 아라한이 있다.

그들은 어느 한 사람과 비교한다. 그 사람이 포도주에 취해 잠자고 있을 때 그의 부자 친구가 '돈으로 살 수 없는 값비싼 진주'를 그의 옷 속에 꿰매어 넣는다. 그 사람은 진주에 대해서 아무것도 모른 채 낯선 나라에서 힘들게 생계를 꾸려 간다. 후에 그는 친구를 만난다. 그 친구는 그에게 날마다 빵을 얻기 위해 수고할 필요가 없게 해 줄 진주에 대해 일러 준다. 이제 그 사람은 진주에 대해 알게 되었고, 그것을 돈으로 바꿀 수 있었기에 행복한 삶을 영위할 수 있게 되었다.

진주는 모든 사람들에게 잠재적으로 내재해 있는 불성(佛性, Buddhanatur)으로서 자기 자신이다. 그러나 사람들은 그것에 대하여 아무것도 알지 못한 채 무지와 눈먼 상태로 살아간다. 붓다는 사람들을 일깨운다. 그는 그들에게 자기 안에 있는 진주를 의식하게 만든다. 그것은 삶, 영원한 삶의 진주이며, 붓다의 지혜와 이웃에 대한 자비의 진주다. '옷 속 진주'의 비유와 함께, 모든 사람은 붓다가 될 수 있다는 제2장의 방편의 핵심적인 내용 전개가 잠정적으로 결론에 이른다.

법화경의 '옷 속 진주' 의 비유와 함께 우리는 또한 신약성서(루카 복음서)의 진주의 비유를 떠올리게 된다. 진주를 소유하기 위해 모든 것을 판 상인의 이야기가 주제다. 진주는 천국이다. 우르술라 바츠(Ursula Baatz)는 에노미야 라살레(Enomiya-Lassalle) 신부에 대해서 쓴 전기 안에서 라살레 신부는 진주의 비유, 곧 진주를 찾는 사람에 대해 즐겨 이야기했다고 쓴다.

"진주는 항상 절대적인 것에 대한 상징이다. 여기서 중요한 것은 진주는 결코 비교할 수 없는 것이고 너무나 값비싼 것이어서 모든 것을 제공해야 얻을 수 있는 대상이란 점이다. 마찬가지로 이 진주를 소유하면 무한히 행복하고 자유로워진다는 것이 중요하다. 불교적으로 말해서 불성(佛性, Buddhanatur)의 실현에 관한 것이다."

그때에 500명의 아라한이 붓다 앞에서 예언(授記, Prophezeichung)을 받고 기뻐 감격하였다. 그들은 즉시 자리에서 일어나 붓다 앞으로 나아가 머리를 숙여 그의 발에 예를 표하고, 잘못을 뉘우치며 스스로 책망하였다.

세존이시여! 우리는 항상 우리가 최상의 열반을 이미 얻었다고 생각하였습니다. 지금에서야 우리는 알게 되었습니다. 우리는 무지한 자 같았습니다. 왜 그렇습니까? 우리는 여래의 지혜를 얻었다고 생각하였습니다. 그리고 조그만 지혜로 만족하였습니다.

세존이시여! 그것은 마치 신뢰하는 친구의 집에 가 포도주를 마시고 취해 누워 있던 한 사람과 같습니다. 때마침 공무(公務)로 외출해야 하는 그의 친구는 돈으로 살 수 없는 귀중한 진주를 그 사람의 옷 속에 붙잡아 매어 놓고 떠납니다. 취하여 자고 있던 그 사람은 이것에 대해서는 아무것도 알지 못합니다. 그는 일어난 후에 다시 계속해서 여행을 하며 타국에 가게 됩니다. 거기서 그는 옷과 음식을 얻기 위하여 힘겨운 노동을 하고 극심한 고난을 겪습니다. 비록 그가 아주 조금 얻었을지라도 만족해야 합니다. 후에 언젠가 친구가 그를 만납니다. 그리고 그를 보자 그에게 말합니다.

"아, 나의 친구여, 어떻게 너는 음식과 옷 때문에 이런 괴로움에 이르렀는가? 나는 오래 전에 네가 평안과 기쁨 속에 살고 다섯 가지 지상의 기쁨(즉 오욕)[50]을 만족시킬 수 있기를 바랐기 때문에, 어느 때 너에게 돈으로 살 수 없는 귀중한 진주를 너의 옷 속에 붙잡아 매어 놓았다. 진주는 지금도 여전히 전처럼 거기에 있다. 그러나 너는 그것을 알아채지 못하고, 너의 생계를 꾸리기 위해 고통과 걱정을 겪었다. 이것은 그야말로 매우 어리석은 일이다. 하지만 너는 이제 보화를 바꾸어 네가 필요로 하고 원하는 것을 맘껏 쓸 수 있게 되었다. 더 이상 부족함은 없을 것이다."

붓다도 또한 이와 같습니다. 그가 보살이던 때에, 우리를 교화하여 우리의 마음이 일체지(一切智, das Allwissen)로 향하게 했습니다. 그러나 마침내 우리는 모든 것을 잊어버렸고 더 이상 아무것도 생각하지 못했습니다. 우리가 아라한의 도(道)를 얻었을 때, 우리는 스스로 열반을 얻었다고 믿었습니다. 살기 위하여 애쓰는 가운데, 우리는 조그마한 것에 만족하였습니다. 하지만 일체지를 향한 서원은 계속되었고, 우리는 그 서원을 잃지 않았습니다. 그리고 이제 세존은 다음과 같이 말하면서 우리를 가르치고 이해 시킵니다.

"너희 비구들이여, 너희가 얻었던 것은 궁극적 열반이 아니다. 오랫동안 나는 너희가 붓다의 선근(善根)을 심도록 하였다. 그리고 방편을 가지고 너희에게 열반의 모습을 보였다. 하지만 너희는 마치 참된 멸도(열반)를 얻은 것처럼 생각하였다."

세존이시여! 저희들은 이제서야 우리가 실로 보살이라는 것을 알게 되었습니다. 우리는 최고의 완전한 깨달음(아눗다라삼먁삼보리)의 예언을 받았습니다. 이러한 인연 때문에 우리는 너무 기쁘고 아직 한 번도 존재하지 않던 것을 경험합니다.

이때에 아야교진여(阿若憍陳如 Ājñāta-Kauṇḍinya)를 비롯한 제자들이 이 뜻을 거듭 펴기 위해 게송으로 말했다.

우리에게 말할 수 없는 고요함과 평안에 관한 예언을 주신

그 음성을 들었던 우리는

이 새로운 사건에 대하여 크게 기뻐하며

무량한 지혜의 붓다에게 예배 드립니다.

이제 세존 앞에

우리는 스스로 온갖 잘못을 뉘우칩니다.

무량한 불보(佛寶) 가운데

우리는 열반의 극히 작은 부분만을 얻었습니다.

무지한 어리석은 사람들처럼

우리는 스스로 만족하였습니다.

그것은 가까운 친구 집에 갔던

가난한 사람의 경우와 같습니다.

친구의 집은 큰 부자였습니다.

그는 가난한 친구에게 맛있는 음식을 마련해 주었습니다.

친구는 돈으로 살 수 없는 귀중한 진주를

가난한 사람의 옷 속에 매어 주었습니다.

그리고 말없이 가 버렸습니다.

그 사람은 거기에 (취해서) 누워 있으나

아무것도 알지 못합니다.

그 사람은 원기를 회복하자,

다시 여행을 하며 다른 나라에 갑니다.

그는 음식과 옷을 위하여 힘들게 일하고

생계를 위하여 수고를 해야만 합니다.

조금 얻었을지라도 만족해야 합니다.

그는 무언가 더 좋은 것을 바랄 수 없습니다.

그는 옷 속에

돈으로 살 수 없는 귀중한 진주가 있다는 것을 알지 못합니다.

진주를 주었던 가까운 친구가

후에 그 가난한 사람을 봅니다.

그는 진심으로 책망하며

(옷 속에) 붙잡아 매어 놓았던 진주를 그에게 보여 줍니다.

가난한 사람은 이 진주를 보곤

마음으로 크게 기뻐합니다.

이제 그가 부자가 되어 많은 보화를 가지게 되고,

바라는 대로 지상의 다섯 가지 기쁨(재물, 음식, 성, 명예, 수면)을

누릴 수 있게 된 것과 같이,

우리도 그와 똑같습니다.

세존께서는 길고 긴 어둔 밤을 통해

지극한 동정심으로 우리를 교화 시켰습니다.

우리가 최고의 서원을 간직하도록 인도했습니다.

그러나 우리가 무지한 탓에 아무것도 이해하지 못했고 깨닫지도 못

했습니다.

우리는 오직 열반의 작은 부분만 얻었고,

그것에 만족하여 더 이상 아무 노력도 하지 않았습니다.

이것은 멸도가 아니라는 것을

붓다는 지금 우리에게 가르쳐 주셨고, 우리를 깨우쳐 주셨습니다.

오직 붓다의 최고의 지혜(無上慧)를 얻을 때에만

그것이 바로 참된 멸도라고 말합니다.

붓다로부터 우리가 차례로 성불(成佛, Buddhaschaft) 하리란

장엄한 영광과 예언(授記)을 들은 지금,

몸과 마음은 온통 기쁨으로 가득합니다.

저 힘 있는 왕이 오랫동안 지켜왔던 빛나는 보석을 마침내 선물한 것과 똑같이
나는 최후의 경전으로서 법화경을 준다.

왕의 보석의 비유

법화경 첫 번째 부분은 제14장에서 끝난다. 제14장은 보살이 법화경을 사람들에게 설할 때 그가 어떻게 행동해야 하는지에 대한 문수보살[51]의 질문에 대한 붓다 석가모니의 답으로 시작한다.

그는 인내하며 차별하지 말아야 하며, 지배자들과 긴밀한 관계를 갖지 말아야 하고, 또한 여인들과는 거리를 두어야 한다. 하지만 모든 사람들을 위하여 크나큰 선과 동정의 마음을 품어야 한다. 그리고 일심으로 붓다를 생각해야 한다. 그럴 때에 비로소 평화 속에 안착해서 기쁨으로 변화되어 법을 설할 수 있게 된다.

답을 마친 뒤에 붓다 석가모니는 문수보살에게 법화경의 가치와 귀중함에 대해 한 비유를 들어 이야기한다. 여기서 아래의 텍스트가 시작된다. 붓다는 법화경을 왕의 머리 위에서 빛나는 보석, 곧 왕을 왕으로 만드는 보석과 비교한다.

왕은 공적이 많은 군사들에게 실로 풍족히 선물한다. 그는 그들에게 밭과 집, 마을, 도시, 종, 사람들과 또한 금, 은, 호박과 같은 다른 보석들을 준다. 그러나 왕의 보석만큼은 선물하지 않는다.

그와 같이 붓다 또한 그들이 마라(Māra), 즉 나쁜 적들과 싸웠다면 공동체(僧家)에게 '모든 법과 선정, 해탈, 오염되지 않은 근기의 보화'를 선물한다. 그는 또한 많은 경전들을 설한다. 하지만 법화경만큼은 맨 처음에 설하지 않는다.

그러나 마치 왕이 그의 머리에서 빛나는 보석을 내려서 공적이 많은 군사에게 주듯이, 마침내 붓다 또한 마라, 악마와 감각의 세계의 주인들과 싸웠고, 뛰어난 수행(투입)으로 삼독(三毒 : 탐욕, 미움 및 성냄, 어리석음)을 제거한 사람들에게 법화경을 선물로 준다.

그리고 사람들을 위하여 그것을 설한다. 붓다 석가모니는 제14장에서 말한다.

"높은 공적을 쌓은 자기 군사를 보고 심히 기뻐서 오랫동안 머리에 써 왔고 아무에게나 분별없이 선물로 주지 않은 이 엄청난 보석을 취하여 이제 선물로 주는 전륜성왕처럼 여래도 그리한다."

붓다 석가모니는 법화경을 왕의 보석으로 비교하면서 또한 다음에 나오는 법화 설법의 절정인 제16장 「여래의 수명」(如來壽量品)을 제시한다.

부처님께서 문수보살에게 말했다.

"문수여! 법화경은 아직 수많은 나라에서 한 번도 언급된 적이 없다. 그러하기에 법화경을 보고 수용하고 확신하고 읽고 독송할 가능성은 더욱 없다. 문수여! 그것은 장엄한 병력을 가지고 다른 나라들을 정복하고자 하는 힘 있는 전륜성왕의 경우와 같다. 만일 작은 왕들이 그의 명령을 따르지 않으면, 전륜성왕은 그의 여러 군사들을 총동원하여 그들을 처벌하기 위해 진군한다. 왕은 그의 군사들이 전투대열에서 두각을 나타내는 것을 보자 크게 기뻐하며 그들에게 공적에 맞게 선물을 준다. 왕은 그들에게 밭과 집, 마을 또는 도시들을 주거나, 혹은 다양한 보석들인 금, 은, 청금석, 빙장석, 마노, 산호, 호박 등과 코끼리, 말, 수레, 가마, 남녀 노비, 또는 사람들을 준다. 그러나 오직 그의 머리 위에 빛나는 보석만은 주지 않는다. 왜 그런가? 머리 위에만 이 유일한 보석이 있으며, 만일 그가 이것을 내맡긴다면, 여러 수행원들이 매우 경악하고 놀랄 것이다.

문수여! 여래도 또한 그와 같다. 선정과 지혜의 힘으로 그는 법의 나라를 얻었고 삼계(三界)의 왕이 되었다. 그러나 갖가지의 마왕들이 복종하지 않으려고 한다. 만일 여래의 지혜롭고 현명한 대장들이 그들과 싸움을 한다면, 그의 마음은 또한 그들의 공적을 기뻐하며, 네 개의 공동체[*]

---

[*] 불교교단을 구성하는 남녀출가자(비구, 비구니)와 남녀신도(우바새, 우바이)의 무리. 불교 용어로는 '사부대중'이라 칭한다. 이하 사부대중으로 번역한다(역자 주).

에서 그들을 위하여 모든 경전들을 설한다.

그리고 그들의 마음에 기쁨을 선사한다. 그들에게 모든 법과 선정, 해탈 그리고 오염되지 않은 근기의 보화를 선물한다. 그 외에도 그들에게 열반의 도시를 선물하고 그들이 멸도(열반)를 얻었다고 말해 준다. 그는 그들의 마음을 인도하여, 모두를 기쁘게 한다. 하지만 그러면서도 법화경만은 설하지 않는다.

문수여! 전륜성왕이 높은 공적을 쌓은 그의 여러 군사들을 보고 마음이 심히 기뻐서 그가 오랫동안 머리에 썼고, 분별없는 자에게는 선물로 주지 않았던 이 엄청난 보석을 취하여 지금 이것을 선물로 주듯이 여래도 또한 그와 같다.

그는 삼계(三界)의 위대한 법왕이다. 그는 법을 가지고 모든 중생들을 가르치고 변화시킨다. 어떻게 그의 현명하고 거룩한 군대가 다섯 가지 인간 존재요소[52]의 마라[53]와 미혹의 마라, 죽음의 마라와 싸우는지, 그리고 어떻게 뛰어난 전략으로 삼독(三毒) – 탐(貪, 탐욕), 진(瞋, 성냄), 치(痴, 어리석음) – 을 없애고, 삼계를 떠나서 마라의 그물을 찢는지를 여래가 보게 된다면, 그는 매우 기뻐하며 법화경을 취할 것이다. 법화경은 모든 중생들이 일체지(一切智)를 얻게 한다.

그러나 법화경은 아직 세상의 수많은 사람들에게 소외당하고 있어 믿음에 이르기에는 너무 어렵다. 지금까지 제대로 가르쳐 본 적도 없다. 그래서 여래가 지금 설한다.

문수여! 이 법화경은 모든 여래의 최고의 설법이며, 모든 설법들 중에 가장 심오한 설법이다. 저 힘 있는 왕이 오랫동안 지켜왔던 빛나는 보석을 마침내 선물한 것과 똑같이 나는 최후의 경전으로서 법화경을 준다.

문수여! 이 법화경은 모든 붓다 여래가 신비스럽게 비밀히 지켜온 보화(바구니)다. 모든 경전들 중에서 이것이 가장 높은 경전이다. 내가 긴 밤(긴 세월) 동안 보호하고 지킨 경전이며, 내가 의식하여 선포하고 설한 경전이다. 나는 그것을 너희를 위하여 오늘 처음으로 설한다."

그때에 세존께서 이 뜻을 거듭 펴시려고 게송으로 말했다.

항상 인욕(忍辱)을 닦고
모든 사람들과 함께 느끼는 사람,
그 사람은 붓다가 찬탄한 이 경전을
설명할 수 있고 설할 수 있다.
다가오는 말세에
이 경전을 붙잡는 사람은
정착한 상태와 집이 없는 상태에 있는 사람들(재가자와 출가자)에게,
그리고 보살이 아닌 사람들에게
자비심을 느낀다.
'이들은 이 경전을 듣지 않고

문수보살
들고 있는 칼은 문수보살의 지혜를 상징한다.

그것을 믿지 않는데

이것은 큰 손해다.

불도(佛道)를 지닌 나는

방편을 가지고

그들을 위하여 법을 설하며,

그들을 법 안에서 살게 하리라.'

강력한 전륜왕이

공적을 많이 세우며 전투를 한 군사들에게

여러 가지 물건 즉 코끼리, 말, 수레, 가마,

개인적인 장신구들을 선물을 하고,

밭과 집,

마을과 도시를 수여하고,

혹은 옷과 예복들과

갖가지 보석들

또는 남자와 여자 종들을 선물로 주고,

이것을 기뻐하다가

가장 어려운 일을 해낸

용감하고 강한 군사에게

왕이 빛나는 보석을

그의 머리에서 내려 선물로 주는 것과 같이,

여래도 또한 그와 같다.

그는 모든 법의 왕이다.

그는 인욕의 큰 힘과

지혜의 보석-보물(Juwelen-Schatz, 寶藏)을 갖는다.

그는 대자비심을 가지고

법에 맞게 세상을 변화시킨다.

만일 그가 모든 사람들이

고통과 곤경을 경험하여

그것으로부터 해탈하기 위해 노력하며

여러 마라들과 싸우는 것을 본다면,

그는 이 중생들을 위하여

갖가지 법들을 설한다.

큰 방편을 가지고

모든 경전들을 설한다.

만일 중생들이

힘을 이미 얻었다는 것을 알게 된다면,

그는 그들을 위하여

마지막으로 법화경을 설한다.

그는 빛나는 보석을 머리에서 내려

선물로 준 왕과 같다.

이 경전은 존귀하며

모든 경전들 중에 최상이다.

나는 항상 그것을 보호하고 지켰으며,

그것을 의식적으로 드러내거나 보여주지 않았다.

지금이 바로 그 시간이며

너희를 위하여 이 경전을 설한다.

만일 나의 멸도 후에 누군가

불도(佛道)를 닦고

그리고 확고한 마음으로 편안하게 그리고 초연하게

이 경전을 설하고자 한다면,

그는 네 가지 법(특성들)*에대해

정통하고 있어야 한다.

이 경전을 읽는 사람은

항상 원망과 곤경으로부터 자유롭고,

또한 병에 걸리지도 않는다.

그의 얼굴색은 맑고 하얗다.

가난하거나, 천하거나 추하게 태어나지 않을 것이다.

그들이 현자와 성인을 그리워하는 것 같이

* 사성제(四聖諦): 49쪽 역자주 참조

모든 중생들은 그를 보기를 기뻐한다.

수많은 하늘의 동자들이

그를 돕는다.

칼과 막대기도 그에게는 아무 해도 끼치지 못한다.

독이 해칠 수도 없다.

만일 사람들이 나쁘게 욕하고자 한다면,

그 사람의 입은 닫혀 질 것이다.

사자왕처럼

두려움 없이 돌아다닐 수 있을 것이다.

그의 지혜의 광명은

태양처럼 빛난다.

스스로 꿈속에서,

그는 오직 놀라운 것들만 본다.

그는 사자좌에 앉아서

비구들의 무리에 둘러싸여

법을 설하고 있는

여래들을 본다.

그밖에도 갠지스 강의 모래처럼 수많은

뱀들과 귀신들과,

그리고 악마들을 보는 데

이들은 합장을 하고 여래를 경배한다.

또한 그는 법을 설하고 있는 자신을 관조한다.

그 외에 그는 금빛의 몸으로부터

무량한 빛을 발하여

중생들을 비추는

모든 붓다를 본다.

그들은 브라흐마(Brahma)의 음성을 가지고

모든 법을 설명하고 설한다.

사부대중을 위하여

붓다는 법을 설한다.

그 법을 넘어서는 것은 아무것도 없다.

그는 그 자리에서

합장하여 붓다를 찬미하는 자신을 본다.

그는 법을 듣고 기뻐하며

공양드린다.

그는 다라니(陀羅尼, dhāraṇīs, 신비적인 문구)를 얻고

불퇴전의 지혜를 깨닫는다.

그의 의식이 불도(佛道)에 깊이 스며들어 있음을

아는 붓다는

그가 최고의 완전한 깨달음에 이를 것이라는

예언을 그에게 준다.

'너 착한 아들아(선남자여),

너는 미래에

무량한 지혜와

큰 불도를 얻을 것이다.

정돈되고 깨끗한 너의 나라는

비교할 수 없을 만큼 크고 넓다.

그리고 사부대중이 거기에 있어

합장하여 법을 듣는다.'

그는 마찬가지로

숲 속에 있는 자신을 볼 것이다.

거기서 좋은 법을 닦고

모든 것들의 참된 모습(諸法實相)을 확인한다.

그는 선정에 깊이 들어가

시방(十方)의 붓다들을 본다.

금색으로 된 모든 붓다의 몸은

100개의 행운의 특징들(부수적 특징들)을 가지고

장엄하게 장식되었다.

법을 듣고 다른 사람들에게 설한 사람은

항상 길몽을 갖는다.

또한 그는 왕이 되는 꿈도 꾼다.

궁전과 수행원들을 떠나고

가장 놀라운 다섯 가지 욕망들을 포기한다.

그는 깨달음의 자리로 온다.

보리수 아래에서

그는 스승의 자리에 앉는다.

그는 7일간 도(道)를 구한 후에

모든 붓다의 지혜를 얻는다.

최고의 도(道)를 성취했을 때

그는 일어나 법륜을 굴린다.

그가 사부대중을 위하여 법을 설하는 것이

천만억겁 동안 계속된다.

그는 오염 없이 깨끗한 놀라운 법을 가르친다.

그리고 무량한 중생들을 구한다.

연기가 다하면 등잔불이 꺼지듯이

그 후에 그는 열반에 든다.

만일 다가오는 악한 종말의 시기에 누군가

이 최고의 법을 설한다면,

이 사람은 위에서 언급한 다양한 공적의 결실을 얻고

축복이 가득한 고매한 경지의 귀의에 이른다.

여래의 수명

제16장 「여래의 수명」(如來壽量品)은 법화경 2부의 절정이다. 이 장은 붓다 석가모니의 근본적이고 초월적인 존재에 관한 것으로 법화경 전체의 절정을 이룬다. 이 장은 제15장 「땅으로부터 (모든 보살이) 솟아나옴」(從地通出品)을 통하여 준비되고 시작된다.

제15장에서는 붓다 석가모니가 설법한 사바세계의 나라들, 즉 인간이 살고 있는 지상세계의 땅이 갑자기 갈라지고 갠지스 강의 모래알보다 수백만 배 더 많은 무량한 보살들이 솟아나온다. 땅에서 나온 이 보살들은 신통력과 대지혜력을 갖고 '인내의 큰 힘'으로부터 더 이상 윤회의 낮은 단계로 돌아갈 수 없는 (Avaivarika, 불퇴전) 불도(佛道)의 단계에 있다. 따라서 그들은 불도에 깊이 들어갔으며 그 속에서 완전해졌다. 붓다 석가모니는 이 막강하고 수많은 보살들을 어느

때에 교화했는지를 들려주었고 미륵보살(친철한 자)[54]을 비롯한 대집회에 참여하고 있는 대중들을 감동시켰다. 그리고 미륵은 붓다에게 말한다.

"세존이시여, 여래 당신이 왕의 아들이었을 때, 당신은 석가족의 왕궁을 떠났고 당신이 종종 지나갔던 가야 도시로부터 멀지 않은 깨달음의 자리 위에 앉았습니다. 그리고 당신은 최고의 완전한 깨달음(아눗다라삼먁삼보리)을 얻었습니다. 그 뒤로 지금까지 40여년이 지났습니다. 세존이시여, 어떻게 당신은 그렇게 짧은 시간에 그토록 큰 붓다의 일을 완수하셨습니까?"

미륵보살의 이 질문은 법화경에서 가장 결정적인 질문이다.

그것은 오랫동안 수난을 겪으며 성숙해진 파르지팔(Parsifal)이 암포르타스(Amfortas)[55]에게 던진 연민의 질문처럼 삶에 결정적인 질문이다.

"백부여, 당신의 문제가 뭡니까?"

파르지팔의 이 연민 어린 질문이 암포르타스(백부)를 치유한다.

미륵보살은 자신의 수명에 대해 계시해 줄 것을 요청함으로써 붓다 석가모니를 감동시켰다. 자신의 삶의 보석을 포기함으로써 붓다 석가모니를 감동시킨 것이다. 그렇게 타인을 위해 죽음조차 초월함으로써 구원을 실현시킨 것이다. 이 수명의 계시는 제16장 「여래의 수명」(如來壽量品)에 나타난다.

붓다 석가모니는 미륵보살의 질문에 대해 완전한 텍스트로 소개하는 제16장에서 그 답을 준다. 그는 이 대답에서 땅에서 솟아나온 무량한 보살들이 이미 불도의 깊은 깨달음의 단계를 얻었다는 모순을 해결한다. 비록 땅 위에서 변화된 현세의 붓다 석가모니에게는 40년 전에야 최고의 완전한 깨달음이 주어졌을지라도 이 단계는 오직 겁(Kalpas)[56]을 지나는 수행을 통해서만 얻어질 수 있다.

왜냐하면 삶의 유언으로서의 법화경은 80의 나이의 붓다가 설하는 것이기 때문이다. 어떻게 이 모순을 해결할 것인가?

세 번에 걸쳐 집합된 보살 공동체는 그들의 지도자 미륵과 함께 붓다 석가모니에게 설할 것을 간청한다. 그때서야 그는 시작한다.

"너희 모두 진리를 들어라!… 내가 실제로 붓다가 된 이래로 무량 무변 백천만억 나유타겁(那由他劫, Kalpas)이 지났다."

비로소 붓다는 영원으로부터 온 자기의 수명을 밝힌다.

이에 대해 그라프 뒤르카임(Graf Dürckheim)은 다음과 같이 쓴다.

"제16장에서 붓다 석가모니는 그에게 큰 깨달음, 즉 참된 진리의 열림과 그 진리로 들어감은 이미 무량한 시간 전에, 수많은 겁, 즉 나유타겁 전에 주어졌다는 것에 대해 말한다. 이 진술에서는 모든 시간을 초월하여 존재하는 진리에 대한 이해가 주제다. 다시 말해서 진리를 이해하는 시도에 관심을 두고 있다. 그것은 그리스도의 말에 나타난 진리와 같다. '아브라함이 있기 전에 나는 존재한다.'는 표현이 나온다. 모든 시간을 초월해서 존재하는 진리는 그렇게 오래된 시간 개념 안에서 나타난다. 그 시간은 더 이상 잴 수 없고 모든 인간적인 척도를 뛰어넘는다. 그것은 참으로 무량한, 즉 모든 척도를 비웃는 회화적인 표현들이다. 좀 더 정확히 말하자면, 전혀 잴 수 없는, 즉 양적으로 이해할 수 없는 존재들이다."[57]

붓다 석가모니는 계속해서 설명한다. 이 상상할 수 없고 무량한 긴 시간 이래로 그는 여기 사바세계에서 항상 설하고 가르치고 변화시킨다. 여기서 모습을 드러낸 초월적인 붓다가 바로 그다.

듀물랭(Dumoulin)은, "법화경의 절정에서 드러난 영원한 붓다는 그의 모든 특징을 감안해 볼 때 절대적인 초월과 절대(die schlechthinnige Transzendenz und Absolutheit) 이상의 무엇으로 설명할 수는 없다."[58]고 말한다.

또한 붓다 석가모니가 80세에 들어간 열반은 삶의 진정한 해탈은 아니다. 붓다 석가모니는 "삶, 무량하고 무수한 세상의 시간, 그것은 언제나 머물러 있다. 그것은 사라지지 않는다."라고 제16장에서 설한다. 그리고 그는 계속하여 말한다.

“비록 지금 (나에게 있어서) 실제로 멸도는 시작되지 않았지만, 나는 멸도(열반)에 이르러야 한다는 것을 방편을 가지고 선언하며 말한다.”

만일 붓다가 인간의 눈빛을 한 번도 피하지 않았다면, 그들은 오히려 편안하고 나태해졌을 것이다. 붓다가 다른 나라로 사라지기에, “그들은 오히려 붓다에 대한 사랑과 연대감과 그리움을 마음속에 품고, 스스로 덕(pāramitās)의 선근을 심을 것이다.” 이런 연유로 붓다는 중생구제를 위해 열반에 든다.

이 과정을 붓다 석가모니는 ‘구제하는 의사’ 의 비유로 설명한다.

한 의사에게 많은 아들이 있었다. 그가 여행을 떠나 있을 때, 아들들이 독을 마신다. 그 결과 그들은 깊이 혼란에 빠진다. 여행에서 돌아온 의사이자 아버지였던 그는 아들의 고통에 대해 당황해 하면서 약초를 가지고 그들을 다시 건강하게 만들려고 시도한다. 그러나 아들 중 일부만 치료제를 복용하고 다른 아들들은 거부한다. 그때 좋은 의사이자 아버지는 방편을 생각해 낸다.

그는 다시 타국으로 가서 그가 죽었다는 소식을 전하게 한다. 그때 아들들의 마음이 깨어난다. 또한 약을 복용하는 것을 거부했던 아들들도 이제 사랑으로 아버지와 그의 의술을 생각한다. 그때 그들은 아버지가 조제해 주었던 약을 복용한다. 그리고 건강하게 되어 생명을 구한다. 아버지는 그의 모든 아들이 건강을 회복하였다는 소식을 듣자마자 그들에게 다시 나타난다.

붓다 역시 자신에 대한 사람들의 마음을 일깨우기 위해 사람들을 피해 열반에 든다. 그러나 실상―그것은 대법화의 메시지이며 삶의 보석의 계시(Offenbarung)다―붓다 석가모니는 항상 사람들 곁에 있으며 그의 "정토(淨土)는 불멸하다."

그는 자신을 믿고 의뢰하는 모든 사람들을 청정하게 영원히 피어 있는 연꽃의 정토로 인도한다.

그때 부처님께서 모든 보살들과 대중에게 말했다.

"너희 모든 선남자(善男子, Guter Sohn)[*]들아! 너희는 여래의 진리의 말을 믿어야 하며 분별해야 한다!"

다시금 그가 대중에게 말했다.

"너희는 여래의 진리의 말을 믿어야 하며 식별해야 한다!"

그때 대중은 그들의 지도자 미륵보살과 함께 존경하는 마음으로 합장하였다. 그리고 그들은 부처님께 말하였다.

"세존이시여, 우리는 오직 당신이 설법하기를 원합니다. 우리 모두는 붓다의 말씀을 믿고 받아들이고자 합니다."

그들은 이렇게 세 번 말했다. 다시금 그들은 말했다.

"우리는 오직 당신이 설법하기를 원합니다. 우리 모두는 붓다의 말씀을 믿고 받아들이고자 합니다."

세존은 모든 보살들이 간청하기를 포기하지 않는다는 것을 알았기에 다음과 같이 말했다.

"너희 모두는 진리를 들어라! 여래의 비밀스럽고 신비스럽고 신기하게 작용하는 여래의 힘을 경청해라! 신들(Devas)과 인간들 그리고 악마들의 세계, 그들 모두는 석가모니불이 지금 (이 시간에) 석가족의 궁궐을 떠

---

[*] 보르직은 '선남자'를 '착한아들(Guter Sohn)'로 번역한다(역자 주).

나 가야성으로부터 그리 멀지 않은 깨달음의 장소에 앉아서 최고의 완전한 깨달음(아눗다라삼먁삼보리)을 얻었다고 말한다.

그러나 너희 선남자여, 내가 참으로 붓다가 된 이래로, 무량무변 백천만억 나유타겁(Kalpas)이 지났다. 가령 5백천만억 나유타의 무한히 큰 삼천대천세계가 있고 그 세계를 작은 티끌로 골고루 부쉈는데 어떤 사람이 있어 5백천만억 나유타의 무수한 나라들을 지나 동쪽으로 가서 티끌 하나를 떨어뜨렸다고 하자. 똑같은 방법으로 그가 이 작은 티끌 모두를 다 써버릴 때까지 다시 동쪽으로 간다고 하자.

너희 선남자들아! 너희의 생각은 어떠한가? 이 모든 세계를 표상하고 계산해서 그 수를 알아낼 수 있겠는가?"

미륵과 보살들이 부처님께 말하였다.

"세존이시여, 무량무변한 이 모든 세계를 숫자로 산출할 수 없다는 것을 압니다. 그리고 여기에 쏟을 마음의 힘(die Kraft des Geistes)[*]이 없습니다. 더 이상 동요가 없는 지혜를 갖춘 성문과 벽지불이라 해도 아무도 이 수를 생각하고 상상할 수 없습니다. 비록 우리 자신이 (더 이상 윤회

---

[*] 'Die Kraft des Geistes'의 한문 원문은 '心力'이다. 저자 보르직은 力은 Kraft로, 心은 Geist로 번역하였다. 불교경전에 나오는 '心'을 독일에서는 일반적으로 'Geist'(정신), 'Bewusstsein'(의식) 또는 'Herz'(심장 혹은 마음) 등 세 가지 단어로 번역한다. 저자 보르직은 여기에서 Geist로 번역하였다. 이 Geist를 역자는 '정신'이 아닌 '마음'으로 번역한다(역자 주).

에서 낮은 단계로 떨어질 수 없는) 불퇴전(Avaivartika)의 자리에 머문다 할지라도, 우리는 여기에 도달할 수는 없습니다. 세존이시여, 이와 같이 모든 세계는 무량하고 무변합니다.”

그때 부처님께서 대보살의 대중들에게 말했다.

“너희 모든 선남자들이여, 이제 나는 너희에게 분명히 설명하고 알린다. 만약 이 모든 세계에 떨어진 작은 티끌이 있거나 없거나 그 모두를 모아 티끌로 만들고, 티끌 하나가 한 겁과 같다고 해도, 내가 붓다가 된 것은 그보다도 더욱 오래 전인 백천만억 나유타 아승기 겁이다. 이때로부터 나는 다시 항상 여기 사바세계에 있고, 가르침을 설하고 교화한다. 그밖에 모든 다른 곳에서도 백천만억 나유타 아승기 국토에서 나는 중생들을 인도하여 그들에게 은총이 주어지게 한다.

너희 모든 선남자들이여! 이 시간에 나는 연등불(Buddha Dīpamkara, 불타는 횃불)과 다른 이들에 관하여 말하였다. 그 외에도 나는 그들을 열반에 들인 것에 대하여 말하였다. 그래서 나는 모두에 대하여 방편을 가지고 가르쳤다.

너희 모든 선남자들이여! 나를 찾아오는 사람들이 있다면 나는 붓다의 눈(佛眼)으로 그들의 믿음, 모든 그들의 뿌리를 본다. 그것은 현명하기도 하고 아둔한 뿌리이기도 했다. 그것에 맞게 이제 나는 대답했고, 단계적으로 연령이 많고 적음에 따라 이름을 달리하여 가르쳤다. 그밖에도 다시 나는 분명하게 내가 열반에 들어가야 한다는 것을 말했다. 또한 나는 갖가지 방편을 가지고 중생들이 기쁜 마음을 가질 수 있도록 섬세하고 놀라운 법을 설하였다.

너희 선남자들이여! 여래는 작은 법에 기뻐하고 덕에 약하고 번뇌에는 강한 모든 중생들을 본다. 이 사람들을 위하여 나는 설한다. 나는 젊어서 출가하였고 최고의 완전한 깨달음(아눗다라삼먁삼보리)을 얻었다. 그러나 전에 말했듯이, 내가 실제로 붓다가 된 지는 오래되었다. 그러나 나는 방편을 가지고 중생들을 교화하여 그들을 불도에 들게 한다.

너희 선남자들이여! 여래는 중생구제를 위하여 경전들과 계율들 모두를 설한다. 그는 자기 몸을 설하거나 혹은 남의 몸을 설하거나, 또는 자기 몸을 보이거나 혹은 남의 몸을 보이거나, 또는 자기 체험을 보이거나 혹은 남의 체험을 보이거나 한다. 내가 설한 모든 것은 진실하며 거짓이 없다. 어째서 그런가? 여래는 삼계(三界)의 모습을 진실 되게 알아본다. 그들은 태어나지도 죽지도 않으며, 물러나지도 나타나지도 않는다. 또한 세상이 존재하지도 않고 사라지지도 않는다. 그것은 진실도 아니고 거짓도 아니며, 같은 것도 아니고 다른 것도 아니다. 나는 삼계(三界)의 중생들과는 다른 눈으로 삼계를 본다. 사실이 그렇다. 여래는 밝게 보아 잘못과 어리석음이 전혀 없다. 중생들은 갖가지 성품(性, Natur)과 갖가지 갈망(欲, Begehren), 갖가지 변화(行, Wandel), 갖가지 의도와 분별을 가지기 때문에 나는 모든 중생들이 다양한 선근(善根)을 일으키길 원한다. 그래서 이야기, 비유, 연설을 통해 다양한 방법으로 법을 설한다. 붓다가 한 일들은 결코 잠시라도 정도(正道)에서 벗어난 적이 없다. 내가 붓다가 된 지 아주 오래 되었다. 수명(壽命)이 무량 아승기겁(無量阿僧祇劫)이다. 그것은 항상 그대로 있고 소멸하지 않는다.

너희 모든 선남자들아, 내가 본래 보살도를 행하여 이룬 이래 오늘까지도 수명이 아직 다하지 않았다. 위에서 말한 수를 두 배로 한다고 해도 아니다. 그러나 이제 실제로 멸도가 시작되지 않았는데도, 방편으로 말하기를 '내가 마땅히 멸도(열반)에 들겠다.'고 한다. 여래는 이렇게 방편을 가지고 중생들을 교화(敎化)한다.

왜 그런가? 만일 붓다가 세상에 오랫동안 머문다면, 박덕한 사람들은 선근을 심지 않는다. 그들은 욕망이 가득해져 지쳐 쓰러지고 천박해진다. 그들은 다섯 가지 욕망(재물, 음식, 성, 명예, 수면)을 갖는다. 그들은 기억과 망견의 그물에 걸려 있다. 만일 여래가 항상 거기에 있어 사라지지 않는다는 것을 알면 그들에게 오만과 욕망이 일어날 것이고 경멸과 게으름을 품게 될 것이다. 그때 그들은 붓다를 만나는 것이 어렵다고 생각하지 않으며, 존경의 마음도 갖지 않는다. 이런 이유에서 여래는 방편을 가지고 설한다.

너희 비구들은 알아야 한다. 세상에 출현한 붓다를 만나는 것은 어렵다. 왜 그런가? 박덕한 모든 사람들은 무량 백천만억겁 후에 붓다를 볼 수 있거나 혹은 그를 볼 수 없기 때문이다. 이런 이유에서 나는 말한다.

너희 모든 비구들아! 여래를 보는 것은 어렵다. 이 말을 듣는 모든 중생들은 그를 만나는 것이 어렵다는 것을 생각해야 한다. 그때 그들은 마음속에 붓다에 대한 사랑과 연대감과 그리움을 품게 된다. 그리고 그들은 선근을 심는다. 때문에 여래는 비록 그가 실제로 멸도하지 않을 지라도, 그럼에도 불구하고, 멸도한다고 설한다.

또한 너희 선남자들아, 모든 부처님 여래의 법은 그와 같이 중생들을 구제하기 위한 것이므로 그것은 다 진실하며 거짓이 아니다.

좋은 의사를 예로 들어 보자.

그는 영특하고 아주 똑똑하다. 그리고 그의 머리는 명석하여 딱 맞는 약을 선택한다. 그는 모든 병을 잘 고친다. 그에게는 열, 스물 혹은 백 명이나 되는 많은 아들이 있다. 그는 무엇인가 해야 했기 때문에 다른 나라로 떠났다. 그 후에 그의 모든 아들들이 독을 마셨다. 그 독은 울적함과 혼란을 야기했다. 마침내 그들은 땅에 굴렀다. 그때 아버지가 집으로 돌아왔다. 그런데 독을 마셨던 모든 아들 중 그 본래의 마음을 잃어버린 아들도 있었고, 잃어버리지 않은 아들도 있었다. 그들이 아버지를 먼 곳에서 보았다. 모두 너무 기뻐하였다. 그들은 무릎을 꿇고 물었다.

"잘 지내셨습니까? 평안히 잘 돌아오셨습니까? 우리는 어리석고 의심이 많아, 독을 마시는 잘못을 저질렀습니다. 우리는 구제되고 치료되기를 원합니다. 우리에게 다시 장수를 주십시오!"

아버지는 아들들이 얼마나 심한 고통과 심적 혼란 속에 있는지 보았다. 그는 모든 처방전을 따랐고, 좋은 약초들을 구했다. 색깔과 향 그리고 좋은 맛들이 완전했다. 그는 약초들을 문지르고 체로 치고 섞어 그의 아들들에게 주었다. 그리고 그는 말했다.

"이 약은 색깔과 향기 그리고 좋은 맛이 아주 뛰어나다. 너희들은 그것을 복용할 수 있다. 그것은 고통과 심적인 혼란을 빨리 없애 준다. 너희 모두 다시는 그렇게 나쁜 병에 걸려서는 안된다."

이것은 모든 아들들에게 해당된다. 본래의 자연스런 마음을 잃지 않은 아들들은 이 양약이 색깔과 향기가 모두 좋다는 것을 알아차렸다. 그러자 그들은 힘들이지 않고 약을 먹었다. 병은 완전히 극복되었고, 그들은 치료되었다. 그러나 본래의 마음을 잃어버린 나머지 아들들은 아버지가 오는 것을 보고 기뻐하며 병을 제어하고 고칠 수 있는지를 물었지만 정작 아버지의 치료제를 복용하는 것은 원하지 않았다. 무엇 때문인가? 독의 힘이 깊이 스며들었고 그들이 본래 마음을 잃어버렸기 때문에, 그들은 색깔과 향기가 좋은 이 치료제를 좋다고 말하지 않았다. 아버지는 깊이 생각하였다.

'이 아들들을 불쌍히 여겨야 한다. 독 때문에 그들의 마음은 완전히 왜곡되어 버렸다. 비록 그들이 나를 본 것을 기뻐하며 구제와 치료를 갈망했지만 이런 좋은 약을 복용하는 것은 희망하지 않는다. 나는 지금 그들이 이 약을 먹도록 하기 위해 무언가 좋은 것(방편)을 생각해야 한다.'

따라서 그는 말했다.

"너희 모두는 내가 노쇠하고 늙었다는 것을 알아야 한다. 죽음의 시간이 다가왔다. 이 좋은 약은 항상 여기에 있다. 너희는 이 약들을 복용할 수 있다. 너희는 병이 나아지지 않을까 슬퍼하지 말아라."

그는 이렇게 가르친 후에 다시 타국으로 갔다. 그리곤 사자들을 보내어 (다음의 사실을) 알려 주도록 했다.

"너희 아버지는 돌아가셨다."

아들들은 아버지가 자신들을 떠나 죽었다는 소식을 듣고는 크나큰 비애에 잠겼고 혼란스러움에 빠졌다. 그들은 생각했다.

"만일 아버지가 아직 살아 계셨다면, 우리에게 자비심을 가졌을 것이고, 우리는 구제되고 보호될 수 있었을 텐데…. 아버지는 이제 우리 모두를 떠났다. 멀리 타국에서 돌아가셨다. 우리는 이제 고아가 되었고 내버려졌다. 우리에게는 더 이상 의지할 수 있는 사람이 아무도 없다. 우리는 늘 비애와 걱정에 시달릴 것이다."

그로 인해 그들의 마음이 약해졌다. 그리고 그때서야 그들은 이 약이 색깔과 향기 그리고 맛이 좋다는 것을 알게 되었다. 그들은 그 약을 먹었고 독과 병으로부터 완전히 낫게 되었다.

아버지는 아들들이 모두 완쾌되었다는 소식을 듣자마자 즉시 돌아가기를 원했다. 그리고 그는 그들에게 나타났다.

너희 모든 선남자들아! 어떻게 생각하는가. 이 좋은 의사에게 잘못과 거짓에 대한 책임이 있다고 말할 수 있는 사람이 있겠는가?

"아닙니다, 세존이시여."

부처님께서 말했다.

"나도 이 의사와 같다. 내가 붓다가 된 후로 무량무변 백천만억 나유타 아승기겁[59]이 지났으나, 중생들을 위하여 방편의 힘을 가지고 열반에 들어간다고 말한다. 또한 법에 맞게 설한 나를 잘못되고 거짓되다고 말할 사람은 아무도 없다."

그때에 세존은 이 뜻을 거듭 펴려고 게송으로 말했다.

내가 붓다가 된 이래로,

무량 백천만억 재(載) 아승기겁이 지났다.

나는 항상 법을 설하고 교화한다.

내가 무수히 많은 수백만 중생들을

불도(佛道)로 인도하고,

중생구제를 위해

방편(upāya)을 가지고 열반을 보인지

무량겁이 지났다.

그러나 실제로 나는 멸도하지 않았다.

항상 나는 여기에 있으며 법을 설한다.

나는 언제나 여기에 있으며

신통력을 가지고

혼란해 하는 중생들이

내가 가까이 있음에도 불구하고 나를 보지 못하게 한다.

중생들은 내가 멸도한 것을 보며,

계속하여 나의 사리를 공양할 것이다.

모두 다 가슴에 사랑과 그리움을 품게 될 것이다.

마음에 갈망과 그리움을 품게 될 것이다.

중생들 모두가 기꺼이 믿음에 헌신하여

성품이 솔직해지고 생각이 관대해지며,

붓다를 보게 되기를 진심으로 바라고,

자기 몸을 돌보지 않는다면,

그때 나는 전체 승가와 함께

영취산(靈鷲山)[60]에 나타나게 될 것이다.

나는 이때 중생들에게

나는 항상 여기 있고 소멸하지 않는다는 것을

설하게 될 것이다.

방편의 힘으로써 나는 소멸(滅)과 소멸되지 않음(不滅)을 가르친다.

만일 다른 나라에 있는 중생들이

나를 공경하고 믿음 안에서 기뻐한다면,

나는 다시금 그들 속에서

그들을 위하여 무상법(無上法)을 설할 것이다.

너희는 이것을 듣지 못한다.

그래서 너희는 내가 멸도한다고 생각한다.

만일 내가 모든 중생들이

고통의 바다에 얼마나 깊게 가라앉아 있는가 본다면,

나는 나의 몸을 보이지 않게 하여

그들이 그리움(목마름)과 갈망을 품게 한다.

그 후 그들이 실제로 마음에 사랑과 그리움을 품게 된다면,

나의 놀라운 신통력을 바탕으로 법을 설하기 위해 다시 나타난다.

나는 무수한 시간이 지나도록(아승기겁)

언제나 영취산 위에 머무르고

다른 곳에도 머무른다.

사람들이 세상이 쇠진하여

큰불에 타는 때를 볼 때도,

나의 이 나라는 평안하고 고요하다.

신들과 인간들로 그곳은 항상 가득 채워진다.

모든 숲과 집들과 정자들은 갖가지 보배들로 장식된다.

사람들이 즐겁게 거니는 보석 숲에는

수많은 (연)꽃과 과일들이 있다.

모든 신들은 하늘 북을 친다.

그들은 항상 다양한 종류의 음악을 연주한다.

만다라화(曼陀羅花, Mandārava-Blumen)의 비를 내리게 하여

붓다와 대중 위에 뿌린다.

나의 정토(淨土)는 파괴될 수 없다.

하지만 중생들은 마치 그것이 타서 소진된다고 생각하고

슬퍼하고 두려워하며 고통과 불안에 떤다.

이와 같은 고뇌가 가득 차면 악업의 인연으로 인해

아승기겁을 지나도록

삼보(三寶: 佛, 法, 僧)의 이름을 듣지 못한다.

그러나 공덕(功德, Tugend)을 닦는 모든 사람들은

부드럽고, 유화적이고, 솔직하여

나의 몸을 보게 될 것이다.

그리고 나는 바로 여기서 법을 설한다.

어느 때는 이 모든 사람들에게

붓다의 수명은 측량할 수 없다는 사실을 설한다.

붓다를 보는 데 오래 걸렸던 이들에게는

붓다를 보는 것이 얼마나 어려운지를 설한다.

나의 지혜의 힘은 이와 같고

지혜의 광명은 측량할 수 없이 빛난다.

수명은 무한하다.

오랜 수행 속에서 나는 이 업을 얻었다.

지혜 있는 너희 모두는

의혹이 생기지 않게 하고

의혹이 떠오르지 않게 하고

떠오르면 잘라서 업이 시간이 지나면 사라질 수 있도록 하라.

붓다는 진실되고 거짓이 아닌 것을 말한다.

좋은 의사가 혼란스러운 아들들을 고치기 위해

방편으로써 실제로 살아 있으면서, 죽었다고 말했으나

아무도 그가 거짓말한다고 말하지 않은 것처럼,

삐뚤어진 세인들을 위해

고통과 위기에서 모두를 구해 주는

세상의 아버지인 나 또한

비록 내가 실제로는 살아 있더라도

소멸되었다고 말한다.

만일 나를 늘 보게 된다면,

교만과 탐욕적인 마음을 갖게 되고,

다섯 가지 욕망을 일으켜,

악도(惡道)에 떨어지기 때문이다.

나는 중생들이 도(道)를 닦는지 혹은 안 닦는지를 알고

그들에 맞게 그들을 구제하기 위하여

갖가지 법(Dharmas)을 설한다.

항상 나는 다음에 대하여 생각한다.

'어떻게 하면 중생들로 하여금 최고의 지혜를 얻어

속히 붓다가 되게 할까?'

관세음보살은 자비롭고 사랑이 넘치며 은총이 충만한 붓다 석가모니의 아우라이며,
예수의 심장으로부터 흘러나온 자비롭고 은총이 충만한 아시아적인 아우라이다.

관세음보살의 우주적인 문

제25장은 듀물랭(Dumoulin)이 명명하듯이 '법화경의 장엄한 몸체'(Corpus)에서 선별한 것 가운데 결론을 이룬다.

「관세음보살의 우주적인 문」(觀世音菩薩普門品). 이 장은 일본의 많은 불교 신자들로부터 매우 높이 평가되고 있다. 그들은 이것을 자신들의 경전으로 경배한다. 이 경의 중심에는 관세음보살(Bodhisattva Avalokiteśvara : 세상의 외침에 귀 기울이는 자)이 있다. 중국어로 그의 이름은 '관인'(觀音, Kuan Yin)이고, 일본어로는 '칸논'(Kannon)이다. 비록 보살은 남녀 간의 특수성으로 주목되고 있지만 중국에서의 관음(觀音)은 여신으로서 인식되며 민중으로부터 깊이 경배를 받았다. 일본에서도 그와 동일한 과정이 관찰된다. 관음은 대중들로부터 크리스찬들에게 있어서 하느님의 어머니 마리아처럼 그렇게 불려진다.

따라서 관인(Kuan Yin)과 칸논(Kannon)은 매우 대중적인 불교의 신으로 보살 개념의 본질, 즉 인간에 대한 동정과 자비의 핵심을 드러낸다.

특히 오늘날 일본에서는 여성과 어머니들이 관음을 공경하는 데, 사찰에 가면 아름다운 입상의 관음보살상을 볼 수 있다. 특히 그들은 아기를 원할 때면 관음에게 기도한다. 그것을 법화경 제25장에서는 다음과 같이 말한다.

"비유컨대 아들을 가지길 원하는 한 여인이 있어, 만일 그 여인이 관세음보살에게 빌고 그를 공경하면, 그녀는 덕과 지혜가 있는 복스러운 아들을 낳게 된다. 만일 그 부인이 딸을 원한다면, 전생에 덕의 뿌리를 심어 중생들로부터 사랑과 존경을 받고, 올바른 몸가짐과 모습을 지닌 딸을 낳게 될 것이다."

또한 관음과 관련해서는, 사람들의 고통과 고난에 깊은 자비심으로 참여하며, '세상의 외침에 귀 기울이기 위해' 세상의 모든 방면을 향해 눈빛을 건네는 '열한 개 얼굴을 가진 관음'과 같은 입상들도 있다.

법화경 제25장에서 무진의(無盡意, Akṣayamati, 무한한 마음)보살은, 왜 관세음보살이 '세상의 외침에 귀 기울이는 자'란 이름을 갖고 있는지 붓다 석가모니에게 묻는다. 이에 붓다 석가모니는 관세음보살이 중생들을 돕는 데 있어서 가능한 곳이면 어디서나, 특히 사람들의 구조 요청이 있을 때에는 모든 외침에 귀 기울이기 때문이라고 답한다. 그렇게 그는 얽매인 자와 비난 받는 자를 해방시키고 해난과 불의 위험으로부터 구해 준다.

그의 이름을 믿음으로 부르는—나무(Namo) 관세음보살(나는 관세음보살을 나의 귀의처로 삼습니다)—모든 사람은 도움을 받는다. 이에 대해 제25장은 "왜냐하면 두려움 없이 있을 수 있는 보살은 이것(두려움 없음)을 사람들에게 전달하기 때문이다."라고 말한다. 그리고 계속해서, "관세음보살마하살(Bodhisattva Mahāsattva Avalokiteśvara)의 위엄 있고 초월적인 힘은 그처럼 인상 깊은 것이다."고 말한다.

관세음보살은 방편을 가지고 가지각색의 궁지에 처한 사람을 구해낼 수 있는 가장 알맞은 모습으로 변신할 수 있다. 그는 붓다와 연각불(緣覺佛), 성문(聲聞), 신, 왕, 장자(長者)들, 시민들, 장관들, 브라만들, 비구, 비구니, 여자, 소년, 소녀, 뱀신의 모습으로 나타날 수 있으며 인간들을 도우려 서두른다. 사람들에 대한 그의 자비와 동정은 매우 크다. 사람이 내적이거나 외적인 곤경에 처해 있는 한, 관세음보살은 휴식하거나 쉬지 않는 참된 보살이다. 하기에 그를 일러 '세상의 외침에 귀 기울이는 자', 아발로키테슈바라(Avalokiteśvara), 관인(觀音, Kuan Yin), 칸논(Kannon)이라 부르는 것이다.

열 한 개 얼굴의 관음(십일면관세음보살)
사람들의 고통과 고난을 무한한 자비심으로 보듬어 주는 관
세음보살은 더 나아가 '천 개의 손과 천 개의 얼굴'을 가진
'천수천안관세음보살' 로 표현되기도 한다.

그때 무진의보살(무한한 마음)이 자리에서 일어나 헌신하듯 그의 오른쪽 어깨를 드러내고, 붓다를 향하여 합장하고 여쭈었다.

"세존이시여! 어떤 이유에서 관세음보살이 관세음(Avalokiteśvara, 즉 세상의 외침에 귀 기울이는 자)이란 이름을 가지게 되었습니까?"

부처님께서 무진의보살에게 말했다.

선남자(善男子, Guter Sohn)여! 만약 갖가지 고통과 아픔을 지니고 있는 무량한 백천만억 중생들이 있다면, 그리고 만약 이들이 관세음보살에 관하여 듣고 온 마음으로 그의 이름을 부른다면, 관세음보살은 즉시 그의 부름과 소리에 귀를 기울이고 그들 모두가 해방되고 구제되도록 힘쓴다.

만약 누군가가 관세음보살의 이름을 (그의 마음에 살아 있게) 간직하고 있다면, 예를 들어 그가 큰불 속에 들어간다 해도 그 불이 그를 태울 수 없다. 그것은 관세음보살의 위엄 있는 초월적인 힘(威神力) 때문이다. 만약 누군가가 큰물에 표류한다 해도, 그때에 그의 이름을 부른다면 그는 즉시 물가에 이르게 된다. 만약 보배─금, 은, 청금석, 빙장석, 마노, 산호, 호박, 진주─를 구하기 위해 바다를 항해하는 백천만억 중생이 있고 이제 검은 바람이 휩쓸어 배가 나찰귀(羅刹鬼, Rākṣasa-Dämonen)[61]의 나라로 떠내려간다 해도, 만약 이들 중에 오직 한 명만이라도 관세음보살의 이름을 부른다면, 이 사람들은 모두 나찰귀의 악의로부터 벗어날 것이다. 이것이 그를 관세음(세상의 외침에 귀 기울이는 자)이라고 부르는 이유다.

만약 죽음 직전에 있는 사람이 관세음보살의 이름을 부른다면, 다른 사람이 가지고 있던 칼 또는 막대기가 조각조각 부러져, 그 사람은 구제될 것이다. 혹은 삼천대천세계에 빽빽이 모여 거주하는 야차들(夜叉, Yakùas)과 나찰귀들이 와서 사람들을 괴롭히려 한다고 해도, 이 모든 악한 영들도 사람들이 관세음보살의 이름을 부르는 것을 듣게 되면, 그들을 악한 눈으로 볼 수 없고 조금도 사람들에게 해를 줄 수 없게 된다. 그밖에도 죄가 있거나 없거나 수갑과 밧줄에 묶여 있는 한 사람이 있어, 그가 관세음보살의 이름을 부른다면 모든 수갑들이 끊어져 곧 벗어날 것이다.

혹은 삼천대천세계를 가득 채운 무서운 도둑들이 있고, 거기에 한 우두머리가 보석을 운반하는 상인들의 행렬을 이끌고 위험한 길을 지나게 된다면, 그들 중에 한 명이 다음과 같이 말한다.

"너희 모든 선남자들이여! 두려워하지 말라! 너희는 오직 마음을 다하여 관세음보살의 이름을 불러야 한다. 왜냐하면 두려움이 없는 이 보살은 그것을 사람들에게 전달해준다. 만약 너희가 그의 이름을 부르면, 너희는 이 무서운 도둑들 한가운데서 구제될 것이다."

만약 상인들이 그것을 듣자마자 그들 모두가 함께 목소리를 높여 '나무 관세음보살'(즉, 우리는 관세음보살에게 귀의합니다)을 부른다면, 그의 이름을 불렀기 때문에 그들 모두가 구제된다. 관세음보살 마하살(摩訶薩, Mahā sattva)[62]의 위엄 있고 초월적인 힘은 그와 같이 감명 깊다.

육체적인 욕망이 많은 중생들이 있다고 해 보자. 만약 이들이 항상 그들의 마음을 관세음보살에게 돌려 그를 공경한다면, 그들은 욕망으로부터 자유롭게 될 것이다. 불끈거리는 사람이라 해도 그의 마음이 항상 관세음보살에게 향하고 그를 공경한다면, 그는 성을 내지 않게 될 것이다. 만약 광기가 있는 사람이라 해도 그의 마음이 항상 관세음보살에게 향하고 그를 공경한다면, 그의 광기는 스러지게 될 것이다. 무진의여! 관세음보살의 크고 위엄 있는 초월적인 힘(大威神力)이 그와 같으므로, 그에게는 유용한 이익이 많다. 따라서 중생들은 그를 항상 마음속에 품어야 한다.

아들을 갖길 원하는 한 여인이 있다고 하자. 만약 그 여인이 관세음보살을 예배하고 공경하면, 그 여인은 복덕과 지혜가 있는 아들을 낳게 될 것이다. 만약 그 여인이 딸을 갖기를 원한다면, 그 여인은 전생에 덕을 심어 중생들로부터 사랑과 존경을 받는 올바른 몸가짐과 모습을 지닌 딸을 낳게 될 것이다. 무진의여! 관세음보살은 이러한 힘을 갖고 있다. 만약 중생이 관세음보살을 공경하고 예배하면, 복된 귀의에 문제가 없을 것이다. 그렇기 때문에 모든 중생들은 관세음보살의 이름을 불러야 하고 지켜야 한다.

무진의여! 만약 거기에 62억의 갠지스강(항하)의 모래와 같이 많은 모든 보살들의 이름을 받아들이고 지키는 자가 있다면, 그리고 그의 모습이 쇠약해질 때까지 그렇게 오랫동안 이 보살들에게 음식과 음료, 의복, 와구, 약품을 가지고 공양한다면, 너는 어떻게 생각하는가? 이 선남자(善

男子), 선여인(善女人)의 공덕이 많겠는가? 혹은 그렇지 않겠는가?

무진의가 대답했다.

"아주 많습니다. 세존이시여!"

부처님께서 말했다.

반대로 오직 관세음보살의 이름을 받아들이고 지키는 사람이 단 한 번만이라도 그를 예배하고 공경한다면, 이 두 사람의 축복은 조금도 차이가 없이 똑같으며 백천만억 겁 동안에 줄어들지도 없어지지도 않을 것이다. 무진의여! 관세음보살의 이름을 받아들이고 지키는 자는 무량무변한 복덕의 이익을 얻는다.

무진의보살이 부처님께 여쭈었다.

"세존이시여, 어떻게 관세음보살이 이 사바세계에서 노닐게 되었습니까? 어떻게 그가 중생들을 위해 법을 설하게 되었습니까? 그의 방편력의 특징은 무엇입니까?"

부처님께서 무진의보살에게 말했다.

선남자여! 만약 어떤 나라의 중생들이 붓다의 몸을 통하여 구제될 수 있다면, 관세음보살은 붓다의 몸으로 나타나서 그들을 위하여 법을 설한다. 만약 그들이 벽지불(辟支佛)의 몸을 통하여 구제될 수 있다면, 그는 벽지불의 몸으로 나타나서 그들을 위하여 법을 설한다. 만약 그들이 성문(聲聞)의 몸을 통하여 해탈을 얻는다면, 그는 성문의 몸으로 나타나서 그들을 위하여 법을 설한다. 만약 그들이 범왕(梵王)의 몸을 통하여 구제된다면, 그는 범왕(Brahmā-König)의 몸으로 나타나서 그들을 위해 법을 설한다. 만약 그들이 제석(帝釋, Indra)의 몸을 가지고 구제될 수 있다면, 그는 제석의 몸으로 나타나서 그들을 위하여 법을 설한다. 만약 그들이 스스로 태어난 신(自在天)의 몸을 가지고 구제되어야 한다면, 그는 자재천(自在天)의 몸으로 나타나서 그들을 위해 법을 설한다. 만약 그들이 대자재천(大自在天)의 몸을 가지고 구제되어야 한다면, 그는 대자재천의 몸으로 나타나서 그들을 위하여 법을 설한다. 만약 그들이 신들의 대장군(天大將軍)의 몸을 가지고 구제되어야 한다면, 그는 신들의 대장군의 몸으로 나타나서 그들에게 법을 설한다. 만약 그들이 비사문(毘沙門, Vaiśravaṇa)[63]의 몸을 가지고 구제되어야 한다면, 그는 비사문의 몸을 가지고 나타나서 그들에게 법을 설한다. 만약 그들이 작은 왕(小王)의 몸을 가지고 구제되어야 한다면, 그는 그들에게 작은 왕의 몸으로 나타나서 그들을 위하여 법을 설한다. 만약 그들이 장자(長者)의 몸을 가지고 구제되어야 한다면, 그는 장자의 몸을 가지고 나타나서 그들을 위하여 법을 설한다. 만약 그들이 시민[*]의 몸을 가지고 구제될 수 있다면, 그는 시민의 몸으로 나타나서 그들을 위하여 법을 설한다. 만약 그들이 재상의 몸으로 구제될 수 있다면, 그는 재

* 보르직은 '거사'(居士)를 '시민'으로 번역하고 있다. 거사란 재가생활을 하는 성인 남자를 일컫는 불교 용어(역자주).

상의 몸으로 나타나서 그들을 위하여 법을 설한다. 만약 그들이 바라문의 몸으로 구제될 수 있다면, 그는 바라문의 몸으로 나타나서 그들을 위하여 법을 설한다. 만약 그들이 비구·비구니, 남자 재가신자(우바새)·여자 재가신자(우바이)의 몸으로 구제될 수 있다면, 그는 비구·비구니, 우바새·우바이의 몸으로 나타나서 그들을 위하여 법을 설한다. 만약 그들이 소년·소녀의 몸으로 구제될 수 있다면, 그는 소년·소녀의 몸으로 나타나서 그들을 위하여 법을 설한다. 만약 그들이 신들, 뱀신, 악령, 인간 혹은 (인간이 아닌) 다른 중생들의 몸으로 구제될 수 있다면, 그는 각각 그러한 존재로 나타나서 그들을 위하여 법을 설한다. 만약 그들이 다이아몬드를 지닌 신(執金剛神)[64]을 통해 구제될 수 있다면, 그는 다이아몬드를 지닌 신으로 나타나서 그들을 위하여 법을 설한다.

무진의여! 이 관세음보살은 그런 공덕을 얻었다. 갖가지 모습으로 그는 다양한 나라들을 다니고 중생들을 구제한다. 때문에 사람들은 관세음보살을 온 마음으로 공경해야 한다. 이 관세음보살마하살은 두려움과 위협적인 위험 속에서 떠도는 사람들에게 두려움을 제거해준다.

무진의보살이 부처님께 여쭈었다.
"세존이시여! 나는 지금 관세음보살을 공경하고자 합니다!"
무진의 보살은 자신의 목에서 백천 냥의 금 가치를 지닌 귀한 진주목걸이를 풀어 관세음보살에게 공양 올리면서 말했다.

"자비로우신 이여! 이 진주 보배목걸이를 법보시로써 받아주기를 원합니다!"

하지만 관세음보살은 거절하고 그것을 받지 않았다. 무진의가 거듭하여 관세음보살에게 말했다.

"자비로우신 이여! 당신은 우리에게 자비를 가지시어 이 목걸이를 받아주십시오!"

그때 부처님께서 관세음보살에게 말했다.

"이 무진의보살과 사부대중(四部大衆)과 신들, 뱀들, 악령들*, 인간들과 인간이 아닌 것들에게 자비심을 갖고 이 목걸이를 받으라!"

그때 관세음보살은 사부대중과 신들, 뱀들, 악령들, 인간들과 인간이 아닌 것들에 대한 자비심에서 이 목걸이를 받아서 그것을 둘로 나눴다. 그리곤 하나는 석가모니불에게, 다른 하나는 다보불탑(多寶佛塔)에 바쳤다.

"무진의여! 관세음보살은 저와 같은 초월적인 힘을 가지고 사바세계를 다닌다."

그때 무진의보살이 게송으로 물었다.

---

* 보르직은 야차, 건달바, 아수라, 가루라, 긴나라, 마후라가 등을 통칭하여 악령으로 표현하고 있다. 이들은 본래 베다시대의 잡신이지만 저자가 '신'과 '뱀'으로 표현한 천(天) · 용(龍)과 함께 불교에 흡수되면서 호법신으로 격상된 불법의 수호자들로 팔부신중이라 불린다(역자주).

"세존이시여! 놀라운 미덕으로 완전하신 세존이시여!

나는 지금 다시 한 번 그것에 대해 여쭙고 싶습니다.

어떤 이유에서 불자(佛子)가

관세음(Avalokiteśvara : 세상의 외침에 귀 기울이는 자)이라고 부릅니까?"

놀라운 미덕으로 완전하신 세존께서

무진의에게 게송으로 답했다.

관음의 변화에 대하여 들으라!

그는 (적극적인 도움을 베푸는) 각각의 장소에 잘 들어맞고,

광대한 서원의 깊이는 대양의 깊이와 같다.

겁(Weltzeitalter, Kalpa)을 센다면 그것은 상상할 수 없이 광대하다.

그는 그 세월 속에 수천억 붓다를 섬기며.

크고, 깨끗하고, 순수한 서원을 세웠다.

내가 이제 너를 위해 간략히 말하고자 한다.

그의 이름을 듣거나 몸을 보거나,

그를 마음 속 깊이 생각하고 무심히 지나쳐 가지 않는 자는,

모든 존재의 고통을 없앨 수 있다.

가령 악의를 품는 그런 자들이

그 사람을 큰불 속에 던진다 해도,

그가 관음의 힘을 생각한다면,

그 불은 변하여

호수가 된다.

혹은 만약 누군가가 넓은 대양 위를 떠다니다가

뱀과 물고기, 갖가지 악령들에게 위협을 받는다 해도,

관음의 힘을 생각한다면,

파도가 그를 적실 수조차 없다.

혹은 만약 수미산(Sumeru) 봉우리에서

어떤 이가 밀어서 떨어진다 해도

관음의 힘을 생각한다면,

그는 해처럼 자유로이 하늘에 서 있을 것이다.

혹은 만약 나쁜 사람들에게 쫓겨

금강산에서 떨어진다고 해도

관음의 힘을 생각한다면,

머리카락 하나도 훼손되지 않는다.

혹은 자신을 포위하고 칼을 뽑아

해를 가하려는 무서운 강도들을 만난다고 해도

관음의 힘을 생각한다면,

강도들 모두가 마음에 자비심을 느낄 것이다!

혹은 왕의 가혹한 명령으로 사형을 받아 생명을 잃게 된 죄수라 해도

관음의 힘을 생각한다면,

처형의 칼은 마침내 산산조각이 나버릴 것이다.

혹은 잡혀서 수갑이나 쇠사슬에 묶이고

손과 발에 수갑이 채워져 있다 해도,

관음의 힘을 생각한다면,

그는 당연히 벗어나게 될 것이다.

만약 저주나 갖가지 독으로

누군가의 몸을 해치고자 한다 해도,

관음의 힘을 생각한다면,

이 모든 것이 장본인에게 돌아갈 것이다.

혹은 만약 나쁜 나찰들,

독이 있는 뱀들과 그와 똑같은 악령들을 만난다 해도,

관음의 힘을 생각한다면,

그 모든 것들이 아무런 해도 가하지 못할 것이다.

만약 사나운 짐승들이 주위를 둘러싸고

날카로운 엄니와 발톱으로 위협한다고 해도,

관음의 힘을 생각한다면,

그들은 가없이 멀리 달아날 것이다.

왕뱀들, 독사들, 전갈들이

독기를 불같이 내뿜는다고 해도,

관음의 힘을 생각한다면,

그들은 그 목소리를 듣고 즉시 되돌아갈 것이다.

구름 속에서 천둥이 치고 번개가 번쩍이며,

우박과 폭우가 쏟아진다고 해도

관음의 힘을 생각한다면,

즉시 악천우가 사라지게 될 것이다.

중생들이 고난과 위험을 당하고,

무량한 고통이 그들의 몸을 괴롭힌다 해도,

관음은 그의 놀라운 지혜의 힘을 통해 이 중생들을

세상의 고통으로부터 구제할 수 있다.

신통력과 완전한 형상으로

방편과 지혜를 실천하며,

시방의 여러 나라들 안에서

자신의 몸을 불현듯 드러내지 않은 곳이 없다.

모든 갖가지 나쁜 길과

지옥, 아귀, 짐승들과

생로병사의 고통을

그는 점차 사라지게 한다.

그의 진실된 눈빛, 맑고 순수한 눈빛,

큰 지혜로 풍성한 눈빛,

자비의 눈빛과 사랑의 눈빛,

이 눈빛을 늘 그리워하고 항상 우러러보아야 한다.

법화경, 중국, 1331년 간.
법화경 변상도의 한 장면으로 관세음보살이 사형 선고를 받
은 사람을 돕고 있다. 사형집행인의 칼이 부러진다.

때 묻지 않고 맑고 순수한 빛으로부터

지혜의 태양인 보살은 온갖 어둠을 내쫓는다.

악천우와 폭풍우, 큰 화재를 제압할 수 있으며

세상의 모든 것에 밝은 빛을 비춰준다.

그의 자비로운 몸의 법은 천둥소리와 같고,

자비로운 마음은 매우 아름다우며 큰 구름과 같다.

그는 단 이슬 같은 법(甘露法)의 비가 강을 이루어 흘러내려 가게 하고

번뇌의 불꽃이 사라지게 한다.

관청에서 논쟁을 한다거나

혹은 두려운 전장 속에 있다 해도,

관음의 힘을 생각한다면,

모든 적들이 후퇴하고 흩어질 것이다.

관세음의 경이로운 음성(妙音)은

브라흐마의 소리(梵音)[65], 바닷가 조수의 소리(海潮音)와 같아

이 세상에서 가장 돋보이는 음성이니

그런 까닭에 늘 이 소리를 깊이 생각해야 한다.

그리고 결코 마음에 의심을 품지 말아야 한다!

세상의 외침에 귀를 기울이는 자,

맑고 거룩한 관음은

고통과 곤경, 죽음과 위험에 처한 자들에게

결정적인 피난처가 될 수 있다.

모든 공덕에서 완전한

그는 자비의 눈으로 중생들을 바라본다.

복의 무더기가 바다와 같이 무량하다.

그러므로 머리를 땅에 대고 그를 공경해야 한다.

그때 지지(持地, Dharanīmdhara, 땅을 지키는 자)보살이 자리에서 일어나서 앞으로 걸어 나가 붓다에게 말했다.

"세존이시여! 만약 어떤 중생이 이 장(「관세음보살의 우주적인 문」)에서 관세음보살의 자재한 공덕과 우주적인 문의 현현에서 보여지는 신통력에 관하여 듣는다면, 이 사람은 공덕이 적지 않다는 것을 알게 될 것입니다."

붓다가 우주적인 문의 장을 설하는 동안, 대중들 가운데 8만4천 명의 중생들이 비교할 수 없는 최고의 완전한 깨달음(아눗다라삼먁삼보리)의 마음을 열었다.

법화(연꽃) 만다라

[각 주]

1. Bi-Yä'n-Lu, Meister Yüan-wu's Niederschrift von der Smaragdenen Felswand, Wilhelm Gundert 독일어 번역 및 해설, München 1964, pp. 83~84 참조.

2. Nakamura, Hajime, Indian Buddhism, Tokyo 1980, p.186 참조.

3. Dumoulin, Heinrich, Geschichte des Zen-Buddhismus, Bd. I Indien und China, Bern 1985, p. 43 참조.

4. 일본의 니치렌 쇼닌 (日蓮聖人. 1222~1282) 스님이 창설한 불교종이다.

5. Satory,Gertrude und Thomas, Franz von Assisi, Geliebte Armut. 10. Aufl. Freiburg i. Br. 1984(Herderbücherei Texte zum Nachdenken. 630), pp. 18~21 참조.

6. 가야 : 인도 마가다 (오늘날 비하르)에 있는 도시. 석가모니는 가야에서 약 10km 떨어진 보리수 아래서 붓다가 되었다.

7. Dumoulin, Heinrich, Geschichte des Zen-Buddhismus Bd. I Indien und China, Bern 1985, pp. 34~35 참조.

8. Vgl. Dumoulin, Heinrich, Geschichte des Zen-Buddhismus, p. 28.

9. Cooper, J.C., Der Weg des Tao. Eine Einfühlung in die alle Lebenskunst und Weisheitslehre der Chinesen. 3. Aufl. München 1982, p. 127f.

10. Nachwort von Helmuth von Glasenapp, in: Oldenberg, Hermann, a.a.O., p. 480 참조.

11. 5번째에서 10번째의 존재단계(신들, 인간, 아수라, 짐승, 아귀, 지옥의 거주자).

12. 오욕(五欲) : 재욕(財欲), 식욕(食欲), 성욕(性欲), 명예욕(名譽欲), 수면욕 (睡眠欲)(역자 주).

13. 곧 '타력신앙'으로 바뀔 수 있다는 뜻이다(역자 주).

14. Dürckheim, Karlfried Graf von, in: Borsig, M. v., a.a.O., p. 14 참조.

15. 연각불(緣覺佛)은 벽지불(辟支佛) 또는 독각불(獨覺佛)이라고도 부르며, 스승 없이 혼자 깨달은 자다(역자 주).

16. Dumoulin, Heinrich, Geschichte des Zen-Buddhismus, p. 35 참조.

17. 삼계(三界) : 욕망의 세계(欲界), 형상의 세계(色界), 형상이 없는 세계(無色界). 욕계(欲界)는 지옥도(地獄途)에서 인간도(人間途)와 천상도(天上途)에 이르기까지 여섯 존재단계(六途)를 포함한다. 색계(色界)는 모습을 지녔으나 욕망은 가지고 있지 않은 신들이 사는 네 개의 명상(dhyāna) 하늘을 포함한다. 무색계(無色界)는 영혼이 신비적인 몰입(禪定) 속에서 사는 순수한 정신세계다.

18. 감각적 쾌락 및 욕망(貪), 증오 및 성냄(瞋), 어리석음(痴).

19. 재물(財欲), 음식(食欲), 성(性欲), 명예(名譽欲), 수면(睡眠欲)

20. 벽지불승(辟支佛乘)은 연각불승(緣覺佛乘)과 같은 말이다(역자 주).

21. 문자 그대로 큰 존재, 큰 남자

22. 삼계(三界)란 욕계(欲界), 색계(色界), 무색계(無色界)를 말한다. 욕계는 욕망의 생활을 하는 존재들이 살고 있는 곳으로 지옥, 아귀, 축생, 아수라, 인간 그리고 저급한 신들이 사는 곳을 말한다. 색계는 욕망을 떠났으나 아직 육체를 가지고 있는 존재들이 사는 곳이다. 무색계는 욕망은 말할 것도 없고 육체조차도 없는 존재들이 사는 세계다. 이들은 순전히 정신적인 존재들이다(역자 주).

23. 세 가지 통찰(三明):
　① 숙명명(宿命明) : 과거생에 자신과 타인의 죽는 조건들(인과법칙)에 대한 인식.
　② 천안명(天眼明) : 미래의 죽는 조건들(인과법칙)에 대한 초자연적 인식.
　③ 누진명(漏盡明) : 열반의 내적 관조, 즉 모든 욕정과 욕망을 근절하기 위해 현세의 죽는 고통에 대한 내적 관조.

24. 여섯 가지 신통력(六神通)

① 천안통(天眼通) : 색의 세계의 모든 곳을 즉흥적으로 보는 신적인 능력.

② 천이통(天耳通) : 모든 장소에서 모든 것을 들을 수 있는 능력.

③ 타심통(他心通) : 모든 다른 사람의 마음을 아는 능력.

④ 숙명통(宿命通) : 자기와 다른 사람의 모든 과거세에 대해 아는 능력.

⑤ 신족통(神足通) : 모든 좋아하는 장소에 있거나 자기의 의지대로 무엇
이든지 하는 능력.

⑥ 누진통(漏盡通): 불안한 다르마(=불안한 인간존재)를 비우는 능력

25. 붓다의 열 명의 큰 제자들은 다음과 같다. 사리불(舍利佛, Śāriputra),
마하목건련(摩訶目犍連, Mahā-Maudgalyāyana), 마하가섭(摩訶迦葉,
Mahā-Kaśyapa), 아나율(阿那律, Aniruddha), 수보리(須菩提, Subhū-
ti), 부루나(富樓那, Pūrṇa), 마하가전연(摩訶迦旃 Mahā-Kātyāyana),
우파리(優婆離, Upāli), 라후라(羅睺羅, Rāhula),아난다(阿難, Ā-
nanda).

26. Kruse, Heinz, "The Return of the Prodigal. Fortunes of a Parable
on its Way to the Far East", in: Orientalia, NS 47(1978),
Pontificium Institutum Biblicum, Rom, pp. 163~214.

27. 신약성서 필립보서 2장 7절 참조.

28. Lenel, Claudia, Lotosblüten im Sumpf, Freiburg i. Br. 1983
(Herderbücherei Texte zum Nachdenken. 1048), p. 27.

29. ① 아픔에 대한 고통(정신적 또는 육체적)
② 상실(붕괴, Verfall)에 대한 고통.
③ 발전 또는 생사에 대한 고통

30. 아직 지상으로부터 완전한 해탈이 아니다. 열반에는 과거의 업(業)의 결
과인 현재의 오온(五蘊: 인간존재를 구성하고 있는 色, 受, 想, 行, 識이라
는 다섯 가지 요소)을 그대로 지닌 채로 경험하는 유여열반(有餘涅槃)과
오온이 해체된 후 사후에 주어지는 무여열반(無餘涅槃)이 있다. 즉 유여
열반이란 살아 있는 동안에 성취하는 열반으로 생존의 근원이 남아 있는
열반이다. 생존의 근원이란 육체를 말한다. 따라서 본문에서 마지막 육

체적인 단계를 가지고 아직 (존재하는 것들이) 있는 열반'이란 '유여열반'을 가리킨다. 그리고 유여열반을 이룬 사람이 죽으면 다시 육체를 받아 태어나지 않게 되는 데, 이것을 '생존의 근원이 남아 있지 않는 열반' 즉 '무여열반'이라고 한다. 이것은 '완전한 열반'(般涅槃, parinirvana)으로서 정신적, 육체적인 일체의 고(苦)가 모두 소멸된 열반이다(역자 주).

31. 큰 지혜란 대승의 지혜를 의미한다(역자 주).

32. 마라(Māra): 현상의 세계의 신, 또는 악한 적.

33. 자기를 망각한 행위들을 의미한다.

34. Keyserlingk, Linde von, a.a.O., p. 52 참조.

35. 마하 카사파(Mahā-Kaśyapa) : 문자적으로는 '큰'(mahā) 카사파(Kaśyapa)로 옛 인도에 빈번히 있었던 이름으로, 똑같은 이름을 가지고 있는 다른 사람들과 구분하기 위해 마하 카사파라고 부르게 되었다. 카사파(Kaśyapa)는 그가 승가의 나이든 사람들(Kaśyapas) 중에 가장 나이든 사람이었기 때문에 '큰 자' 또는 '나이든 사람'으로 불렸다. 카사파와 아난다는 대승불교에서 붓다의 애제자들이다. 카사파는 철저한 고행자로 간주되며 선종에서는 제1대 교조로 존경 받는다. 그는 붓다 입멸 후 즉시 라자그라하(Rājagraha)에서 있었던 제1차 (불교)결집의 인도자였다.

36. 인도의 견해에 따르면 많은 우주들을 포괄하는 대우주, 즉 붓다의 세계를 의미한다.

37. 문자적으로 : 모든 사물의 종자(= 원인)에 대한 지식(一切種智).

38. 업(Karma) : 누군가를 좋거나 나쁘게 한 행위로, 윤회에 의해 과보를 갖는 행위. 업 이야기(Karma-Erzählungen): 사람이 전생에 했던 행위들에 관한 이야기.

39. 전륜성왕(Cakravartī-rāja) : 방해 받지 않고 세상 어떤 곳이든 갈 수 있는 수레를 가지고 있는 왕으로서, 인도의 우주론에서 세계의 지배자로 등장한다.

40. 샤크라(Śakra) : 신, 힌두교의 인드라, 불교도들에게 있어서는 33신들의 하늘, 즉 가장 낮은 하늘의 왕.

41. 브라흐마(Brahmā): 마찬가지로 샤크라 위의 하늘에서 사는 신과 왕.

42. '한 맛' (一味)은 일승(一乘) 곧 대승(大乘)을 가리킨다(역자 주).

43. 존재 요소들(Daseins-Elemente = dharmas): 존재 요소들의 공(空)은 대승불교의 근본적이고 철학적인 가르침들이다.

44. 열반(Nirwana)의 다른 표현. 사라짐(Erlöschen, 불이 꺼지는 것-역자 주)과 피안의 강가로 건너가는 것(Hinübergehen).

45. Johannes XXIII, Mein Rosenkranz, Freiburg i. Br. 1984, p. 50 참조.

46. 1 요자나(Yojana) = 약 15 km

47. 아라한(Arhat) : 소승의 이상적 인간상. 그는 다른 사람들에게 그가 얻은 것을 알려주는 것 없이 자신을 위하여 고행을 통해 깨달음과 열반을 얻는다. 대승에서는 보살이 이상적 인간상이다. 보살은 그의 깨달음을 다른 이들에게도 알려주고자 하며 다른 사람들에게도 관심을 기울이고자 한다.

48. 붓다의 열 가지 힘은 완전한 지혜를 내용으로 한다.
① 모든 상황에 있어서 무엇이 옳고 그른지를 아는 힘(是處非處力).
② 모든 중생의 과거, 현재, 미래의 업을 아는 힘(業智力).
③ 선(dhyāna)-해탈과 선정(samādhi)의 모든 단계를 아는 힘(定力).
④ 모든 중생의 힘과 능력을 아는 힘(根力, 모든 중생 근기의 높고 낮은 모습을 두루 아는 힘-역자 주).
⑤ 모든 중생의 욕망과 도덕적 행실을 아는 힘(欲力).
⑥ 모든 중생의 현재의 상황을 아는 힘(性力, 세간의 갖가지 헤아릴 수 없는 성품을 여실하게 두루 아는 힘-역자 주)
⑦ 모든 법의 방향과 결과를 아는 힘(至處道力, 모든 도를 행하여 궁극에 이를 곳의 모습을 두루 아는 힘-역자 주)
⑧ 모든 죽음의 원인들과 그들의 실제에 있어서 좋고 나쁨에 관하여 아는 힘(宿命力, 과거 삶의 모습을 두루 아는 힘-역자 주).
⑨ 모든 중생의 마지막과 열반에 관하여 아는 힘(天眼力).
⑩ 모든 미혹의 포기에 관하여 아는 힘(漏盡力).

49. 붓다의 32개의 특징들(32相)은 에른스트 발트슈미트(Ernst Waldschmidt)의 글 '붓다의 삶에 대한 전설'(Die Legende von Leben des Buddha)(Berlin, 1929, p.52)에 따르면 다음과 같다.

"그의 머리는 자연스럽게 자란 터번을 가진다. 그의 머리카락은 눈 화장 또는 공작의 긴 꼬리처럼 암청색이고, 곱슬곱슬하며 좌우로 돌려 있다. 그의 이마는 평평하고 넓다. 그의 눈썹들 사이 중간에는 흰 눈 또는 은처럼 밝게 빛나는 털이 있다. 그의 눈은 빽빽하고 균형 잡힌 속눈썹을 가지고 있으며, 검은 색깔이다. 그는 40개의 빈틈없이 고른 깨끗한 치아를 가지고 있다. 그의 목소리는 깊고 위엄이 있다. 그의 미각은 맛있는 것을 찾아 낸다. 그의 혀는 크고 얇다. 그의 아래턱은 사자의 그것과 같다. 그의 어깨는 둥글고, 그리고 또한 어깨와 목사이의 부분, 손바닥과 발바닥은 구덩이 또는 움푹하게 패인 자리가 보이지 않는다. 가슴은 활 모양이고, 피부는 여리고 금색이다. 그의 팔은 충분히 길어 그가 구부리지 않고 서 있는 상태에서 무릎까지 닿는다. 그의 상체는 사자와 같이 위풍당당하다. 그의 허리는 무화과나무를 닮았다. 모든 그의 털구멍으로부터 오직 하나의 유일한 터럭이 자라고, 그리고 이들 머리카락은 정수리로부터 오른쪽으로 돌려있다. 그의 성기는 감춰져 있다. 엉덩이는 둥글다. 그의 다리는 가젤영양의 다리와 같다. 그의 손가락은 길다. 발은 상당히 긴 발꿈치를 가지고 있고, 발바닥은 편평하다. 손과 발은 유연하다. 손가락들과 발가락들 사이에는 물갈퀴가 있다. 발가락은 길고, 그리고 발꿈치 아래에는 천 개의 살, 바깥 테두리와 바퀴통을 가지고 있는 두 개의 빛나는 수레바퀴가 있다. 그의 양 발은 힘차게 그리고 균형 있게 땅 위에 서 있다."

50 오욕(五欲): 재물(財欲), 음식(食欲), 성(性欲), 명예(名譽欲), 수면(睡眠欲) (역자 주).

51. 문수(Mañjuśrī)는 무수한 붓다들을 안내해야 하는 대지혜의 보살이며, 언제나 석가모니의 동행자다. 특징: 지혜의 칼.

52. 인간존재를 구성하는 다섯 가지 요소(五蘊): 몸(色), 감각(受), 지각(想), 형상(行), 인식(識).

53. 마라(Māra): 악한 적, 악마.

54. 미륵(Maitreya)은 석가모니의 추종자들 중에 역사적으로 입증된 인물이 아님에도 불구하고 중심인물이다. 그는 미래의 붓다이며, 바로 다음의 붓다로서의 현현을 기다리기 위해 도솔천(Tuṣita-Himmel)에 머물고 있다.

55. 파르지팔(Parsifal): 독일 작곡가 리하르트 바그너(Richard Wagner, 1813~1883)의 오페라 작품으로 종교적인 이상을 담고 있다. 이 작품의 주제는 인간이 신에 봉사함으로써 영혼을 정화하고 육체의 쾌락을 포기해야 한다는 것이다. 암포르타스(Amfortas)왕은 몬살바트에서 예수가 최후의 만찬에 쓴 성배와 예수의 옆구리를 찌른 창을 지키는 성배 수호자로 등장한다(역자 주).

56. 겁(劫): 칼파(Kalpa). 고대 인도의 〈마누법전〉에서 묘사된 우주 창조와 파괴에 소요되는 시간 계산법에 소개되는 시간 단위다. 1칼파는 우주 창조의 신인 브라흐마(Brahma)의 하루시간이다. 하루의 낮과 밤이 각각 1천 마하유가(Maha Yuga)이므로 1칼파는 2천 마하유가다. 인간의 시간으로 1마하유가는 432만 년이다. 따라서 2천 마하유가, 곧 1칼파는 86억 4천만 년을 가리킨다. 이 칼파라는 시간 단위가 불교에 유입되어 겁파(劫波)로 번역되었고 오늘날 무한한 시간을 뜻하는 표현으로서 '겁'으로 많이 사용한다(역자 주).

57. Dürckheim, Karlfried Graf von, in: Borsig, a.a.O., p. 15 참조.

58. Dumoulin, Heinrich: Begegnung mit dem Buddhismus, Freiburg i. Br. 1978 (Herderbücherei, 642), p. 64 참조.

59. 나유타(那由佗)는 인도의 수량 단위로 1000억을 나타낸다. 그러나 때로는 10만을 가리키기도 한다. 아승기(阿僧祇)는 산스크리트어 asanga를 음역한 말로 무수겁(無數劫), 즉 헤아릴 수 없는 많은 시간을 뜻한다. 수리적으로는 1056을 뜻한다. 아승기는 갠지스강의 모래수를 뜻하는 항하사(恒河沙)보다 더 많은 수의 이름이다. 즉 아승기는 항하사의 만 배 또는 억 배가 되는 수다. 아승기 다음에 큰 수량단위가 '나유타'이고, 그 다음이 '불가사의' 그리고 '무량대수'의 순으로 수량이 커진다(역자 주).

60. 인도 마가다국의 수도 라자그라하(Rajagraha) 근교의 산(현재 인도 비

하르주 라지기르 소재).

61. 식인 악령들. 인간의 모습으로 변신하는 능력이 있다.

62. 'Mahā' 는 '크다' (大)를 뜻하며, 'Sattva' 는 '보리살타' (Bodhisattva)
의 줄인 말로 '깨달은 존재' 인 '보살' 을 의미한다. 그러므로 Maha-
sattva는 대보살(마하보살), 즉 '위대하신 보살' 이란 뜻이다(역자 주).

63. 경비 왕들인 하늘의 네 왕들 중 하나.

64. 다이아몬드 또는 전석(箭石)을 가지고 있는 신. 이러한 5백의 신들이 모
든 악으로부터 붓다를 지킨다.

65. 범천왕의 음성(역자주).

[참고 문헌]

1. 법화경의 원문출처

a) Miao fa lien hua ching; Chiang su Tan-t' u hsien hua ling hou hs-üan chi fu Li Wen-ming ching kan; Jen ju chü shih ching lo kung chiao; Tung chi shih nien tung shih i yüeh chang chi jih; Chin ling ke ching chu shih.

『경이로운 법의 연화경』(Sūtra von der Lotos-Blumen des wunderbaren Gesetzes), 휴직의 도지사, 공작 깃의 소유자(직위), 강소성(江蘇省)의 탄투(Tan-t' u) 출신 리 웬밍(Li Wen-ming)이 존경스럽게도 이 경전을 편집했다. 즉 그는 이 판본의 후원자다. 『치욕스러운 대접 하의 인내』(Geduld bei schmachvoller Behandlung)는 재가불자들이 순수한 기쁨으로 교정을 한 것이다(Jen ju). 그 시대 10번째 해(시기) 겨울, 11번째 달, 동짓날, 똑 같이 시작(즉 1872 A.D.); 난킹의 인쇄소에 등록.

b) Tendaishūseiten, Hasama Jikō, Tōkyō 1958, Myōhōrengekyō, pp. 1~390; Die heiligen Schriften der Tendai-Schule, hrsg. Von Hasama Jikō, Tōkyō 1958 (Lotos-Sūtra pp. 1~390).

2. 법화경의 번역

a) 산스크리트어 번역:

Burnouf, Etienne: Lotos de la Bonne Loi, Paris 1852 (산스크리트 원문, 13세기).

Kern, Hendrik: Saddharma-Puṇḍarīka or The Lotus of the True Law. SBE (Sacred Books of the East) XXI, Oxford 1884, New York 1963 (1039년 종려나무 잎에 쓴 산스크리트 원문)

b) 구마라집의 중국어 번역:

Borsig, Margareta von: Lotos-Sūtra. Das große Erleuchtungsbuch des Buddhismus, 3. Auflage, Herder-Spektrum, Freiburg i. Br. 2004.

Hurvitz, Leon: The Scripture of the Lotus Blossom of the Fine Dharma, New York 1976.

Katō, Bunnō, rev. Soothill, Schiffer SJ: Myōhō-renge-kyō, The Sūtra of the Lotus Flower of the Wonderful Law, Tokyo 1971.

Murano, Senchu: The Sūtra of the Lotus Flower of the Wonderful Law, Tokyo 1974.

3. 기타 사용된 문헌들

Borsig, Margareta von: Leben aus der Lotosblüte, Nichiren Shōnin, Zeuge Buddhas, Kämpfer für das Lotos-Gesetz, Prophet der Gegenwart. Freiburg i. Br. 1976

Cooper, J.C.: Der Weg des Tao. Eine Einführung in die alte Lebenskunst und Weisheitslehre der Chinesen. 3. Aufl. München 1982.

Dumoulin, Heinrich: Geschichte des Zen-Buddhismus. Bd. I Indien und China, Bern 1985.

Gundert, Wilhelm: Bi-Yän-Lu, Meister Yüan-wu's Niederschrift von der Smaragdenen Felswand. München 1964.

Johannes XXIII: Mein Rosenkranz. Freiburg i. Br. 1984.

Keyserlingk, Linde von: Lao-tse, Jenseits des Nennbaren. 5. Aufl. Freiburg i. Br. 1984 (Herderbücherei, Texte zum Nachdenken. 741)

Kruse, Heinz: The Return of the Prodigal. Fortunes of a Parable on its Way to the Far East. In: Orientalia, NS 47 (1978), Pontificium Institutum Biblicum, Rom.

Lenel, Claudia: Lotosblüten im Sumpf. Freiburg i. Br. 1983 (Herderbücherei, Texte zum Nachdenken. 1048).

Nobel, Johannes: Kumārajīva (eine Übersetzung des Vita Kumāraj-īvas aus dem Kao-seng-chuan) in: Sitzungsberichte der Preuß-ischen Akademie der Wissenschaften, Jg. 1927 Heft 20, Berlin.

Oldenberg, Hermann: Buddha, sein Leben, seine Lehre, seine Gemeinde. 13. Aufl. Stuttgart 1959.

Sartory, Gertrude und Thomas: Franz von Assisi, Geliebte Armut. Texte vom und über den Poverello. Freiburg i. Br. 1984, 10. Aufl. (Herderbücherei Texte zum Nachdenken. 630).

Tsukamoto, Zenryu: Buddhism in China and Korea, in: The Path of the Buddha, ed. Kenneth W. Morgan, New York 1956.

Waldenfels, Hans, Immoos, Thomas (Hrsg.): Fernöstliche Weisheit und christlicher Glaube, Festschrift für Heinrich Dumoulin zum 80. Geburtstag, Mainz 1985.

Waldschmidt, Ernst: Die Legende vom Leben des Buddha. Berlin 1929.

초판 서문

나는 독자들을 법화경의 매혹적인 세계로 인도하기 전에 나에게 법화경의 이해에 도움을 주었던 모든 분들에게 감사 드리고 싶다. 특별히 안네마리 폰 가바인(Annemarie v. Gabain) 교수님에게 감사를 드린다. 그 분은 함부르크대학교에서 중국학 세미나와 예술사 강연을 통해 내가 법화경에 입문할 수 있게 해 주셨다. 그밖에 법화경의 내용이 생생히 전해질 수 있도록 힘써 주신 총서의 편집장 게르트루데 사르토리(Gertrude Sartory) 박사에게도 감사를 드린다. 또한 법화경의 출판에 대해 큰 관심을 보여 주시고 그리스도교와 불교와의 대화에 솔선하여 참여해 주셨던 도쿄 소피아대학교의 하인리히 듀물랭(Heinrich Dumoulin) 교수님에게도 감사를 전한다. 그리고 법화경 선집(選集) 출판을 위해 도움을 주셨던 엠마누엘 융클라우센(Emmanuel Jungclaussen) 신부님에게도 감사를 드리며, 일본 선교에 대한 열망으로 병들었던 나의 삼촌 요세프 미터마이어(Josef Mittermeier) 신부님의 중국과 일본의 종교세계 탐구를 위해 보여 주신 도전에도 감사를 드리고 싶다. 또한 인도주의적이고 그리스도교적인 정신 안에서 변함없는 자비심을 보여 주셨던 영면에 든 나의 아버지와, 불교의 정신세계로 엄청난 몰입의 힘을 보여 주었던 나의 남편과, 사랑스런 미소로 대해 주었던 나의 질녀이자 대녀인 연꽃봉오리 베로니카에게 감사를 전한다.

1985년 마리아의 성명 축일에 뮌헨에서
Margareta von Borsig

제2판 서문

이 사람은 커다란 신비에 싸여 있다. 그는 거의 초인적이고 엄청난 자유를 누리고 있으며, 동시에 세계의 힘과 같은 위력과 선을 발휘하고 있다.

로마노 구아르디니(Romano Guardini)가 붓다에게

헤르더(Herder) 출판사의 출판 200주년을 기념하는 시기에 새로운 선집(選集)을 출간하게 되어 기쁘다. 이 선집은 독일 독자들에게 대승불교의 가장 중요하고 근본이 되는 경전인 법화경의 깊은 감동을 주기 위해 15년 동안 애써 왔던 나의 최초의 간행물이다.

나는 사람들이 법화경으로부터 힘과 신뢰를 얻는 것을 경험하였다. 그것은 내가 바라고 원하던 바였다. 전 독일 대통령이었던 리하르트 폰 바이체커(Richard von Weizsäcker)는 나에게 다음과 같이 썼다.

"불타는 집의 비유와 잃어버린 아들의 비유는 시간을 초월하여 오늘날에도 문화와 종교의 모든 경계를 넘어 우리에게 작용하고 있습니다. 이 비유들은 일치할 수 없는 것처럼 보이는 대종교들과 윤리 체계들 안에는 역시 하나의 공통되는 윤리적 핵심이 있다고 하는 나의 신념을 강화시켜 줍니다."

종교 간의 평화는 바로 우리 시대의 과제다. 불교와 그리스도교 간의 대화에 있어서 법화경은 가장 주목 받는다.

1996년에 영면에 드신 나의 어머니는 법화경에 많은 관심을 보였다. 이 책을 고인이 된 나의 어머니와 아버지에게 깊은 사랑의 마음으로 바친다. 그 외에 돌아가신 나의 삼촌 요세프 미터마이어 신부와 나의 여동생 로지나와 그의 아들 발터 그리고 나의 남동생 한스와 그의 아이들인 베로니카, 마리-안네, 루퍼트와 울리히, 또한 불교와 그리스도교의 주제에 대해 언제나 대화자가 되어 주었던 나의 남편에게 이 책을 헌정한다.

2001년 9월 29일
미카엘 대천사 축일에 뮌헨에서
Margareta von Borsig

제3판 서문

"불교는 대양처럼 넓고 깊다."라고 언젠가 헤르만 헤세(Hermann Hesse)의 사촌이자 불교의 대학자인 빌헬름 군데르트(Wilhelm Gundert)가 서술하였다. 니더알타이히(Niederaltaich)의 베네딕도 수도회 알탑트 엠마누엘 융클라우젠 신부(Alltabt Emmanuel Jungclaussen OSB)는 2007년 오순절 강론에서 "불교는 은총(Gnade)이다."라고 말하였다. 은총은 대양처럼 넓고 깊다. 모든 사람을 불멸과 영원한 삶의 강가로 인도하는 큰 수레의 불교, 곧 대승불교의 가장 중요한 경전인 법화경은 은총이 특징이다.

이것은 일례로 자비로운 아버지 붓다가 불타는 집으로부터 그의 자녀들인 인간들을 구해 내는 '불타는 집의 비유' 에서 잘 드러난다. 마찬가지로 이것은 붓다가 크나큰 아버지의 사랑으로 아들신분(Sohnschaft)과 붓다(Buddhaschaft, 붓다임—역자주)와 열반을 깨닫게 하는 '잃어버린 아들의 비유' 에서도 나타난다. 이러한 자비는 법화경 제16장 「여래(붓다)의 수명」(如來壽量品)에서 정점을 이룬다. 본 장에서 붓다 석가모니는 그의 깨달음과 초세간적인 삶을 나타내고 있으며, 사람들에게 자신이 열반에 든다 할지라도 항상 그들 곁에 머물 것이라고 전한다. 이러한 은총(Gnade)은 특별히 법화경 제25장 「관세음보살의 우주적인 문」(觀世

普菩薩普門品)에서도 나타난다. 관세음보살이란 '세상의 소리에 귀 기울이는 자'란 뜻이다. 중국과 일본에서 자주 여성으로서 등장하는 관세음보살은 이 책 197쪽에 있는 그림에서처럼 종종 열한 개의 머리와 많은 손, 때로는 천 개의 손을 가지고 있는 모습으로 묘사된다. 관세음보살은 세상의 모든 방향에서 열한 개의 머리를 가지고 중생의 고통을 보고 있으며, 그 고통을 덜어 주고 사람들에게 자비로운 은총을 부어 주기 위해 그의 많은 손을 가지고 돕길 원한다.

나를 감동시킨 구원의 말 "불교는 은총이다.(Buddhismus ist Gnade)"에 대해 나는 알탑트 엠마누엘 신부님에게 감사 드린다. 이 말은 법화경에 딱 맞는 말일 뿐만 아니라 불교와 우리 그리스도 교인들을 이어 주는 가교 역할을 한다. 그리스도는 우리를 위하여 십자가에서 돌아가셨고, 우리를 위하여 흘린 그의 피에서 구원의 은총이 흘러나올 수 있었다. 관세음보살은 자비롭고 사랑이 넘치며 은총이 충만한 붓다 석가모니의 아우라(Emanation)이며 아마도 또한 예수의 심장으로부터 흘러나온 자비롭고 은총이 충만한 아시아적인 아우라일 것이다.

아우구스티누스에게 성경을 "들어서 읽어라!"(Tolle, lege)라고 천사가 외쳤던 것처럼 나는 '동아시아의 성경'인 법화경을 "들어서 읽어라!"고 추천하고 싶다.

나는 『삶의 보석 – 붓다의 빛나는 자비. 법화경의 비유들』을 2007년 5월 15일에 80회 생일을 맞이하는 베네딕도 수도회의 알탑트 엠마누엘 융클라우센 신부님께 헌정하고 싶다. 그 외에도 관세음보살처럼 충만한 자비로 도움을 주었던 레히베르크(Rechberg)의 알브레히트 그라프 박사(Dr. Albrecht Graf)와 너무나 사랑했던 고인이 된 나의 부모님 요한 바우어와 마리아 바우어, 나의 사랑스런 질녀와 조카인 베로니카와 마리-안네, 루퍼트, 울리히와 발터, 그리고 불교와 그리스도교의 정신세계에 커다란 관심과 깊은 사랑을 보여 준 나의 남편 만프레드에게 이 책을 헌정하고 싶다.

나는 20년 동안 뮌헨에 있는 상트 오틸리엔(St. Ottilien)에서 '종교 간 수도자의 대화'에 힘써 왔으며, 그곳에서 법화경에 대한 많은 강연회를 가졌다. 특별히 법화경에서 발췌한 이들 비유들을 새롭게 출간한 상트 오틸리엔의 에오스(EOS) 출판사에 감사를 드린다.

니더알타이히(Nieraltaich)의 오순절 축제 때,
성령의 언어 기적의 축제 때, 2007년 주님의 해에
Margareta von Borsig

제3판 추천사

"하나의 종교만 아는 사람은 종교를 모르는 사람이다!" 나는 이 말을 나의 존경하는 친구이자 스승이며, 교회통합주의자이자 종교사학자인 프리드리히 하일러(Friedrich Heiler, 1892-1967)에게서 배웠다. 그리고 감사하게도 내 삶의 여정에서 이 말의 진리를 경험할 수 있었다.

이와 관련하여 프리드리히 하일러의 개인적인 경험들을 알기를 원하는 사람들에게는 2004년에 출간된 「동아시아와 인도여행의 회보」(프랑크 푸르트 Otto Lembeck 출판사)를 추천한다.

법화경에서 발췌한 단편들은 정감 있는 보르직의 번역을 통하여 우리들을 대승불교의 심장으로 인도한다. 이것은 또 종교사적 비교 하에서 보면 그리스도 안에서 인간이 되신 하느님의 자비를 새로운 비전으로 볼 수 있게 한다. 물론 이것은 내가 생각하듯이, 법화경의 메시지뿐만 아니라 신약성서에 나오는 요한의 문헌에도 자신을 세심하게 열어 둘 때만 가능하다.

2008년 주님 공현 대축일에 니더알타이히(Niederaltaich)에서
베네딕도 수도회 알탑트 엠마누엘 융클라우센